▶ 动画视频 ✛ 全彩图解

工伤保险
法律法规

郭建英　编著

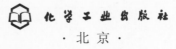

U0313958

化学工业出版社
·北京·

内容简介

本书精心选取了最新版《工伤保险条例》《中华人民共和国社会保险法》和《中华人民共和国劳动法》相关常识和实用内容,主要以全彩图解的形式进行介绍,对相关法律法规条文进行全面解读。涵盖工伤保险基金、工伤认定、劳动能力鉴定、工伤保险待遇、工伤保险费的监督管理和争议处理、相关机构和用人单位及个人的法律责任等。涉及具体操作的内容配套效果逼真的3D MP4动画演示视频讲解,便于理解和掌握。

本书适合法律法规学习入门者使用,也可供企业和事业单位及各类用人单位的人力资源部门与相关院校组织日常教学、培训使用,相关机构、组织的管理者以及对人身安全知识感兴趣的读者也可参阅。

图书在版编目(CIP)数据

动画视频+全彩图解工伤保险法律法规/郭建英编著. —北京:
化学工业出版社,2023.11
ISBN 978-7-122-44128-7

Ⅰ.①动… Ⅱ.①郭… Ⅲ.①工伤保险-法规-中国-图解
②工伤保险-文件-中国-图解 Ⅳ.①D922.55-64

中国国家版本馆CIP数据核字(2023)第167970号

责任编辑:黄　滢　　　　　　　　　　　装帧设计:王晓宇
责任校对:边　涛

出版发行:化学工业出版社(北京市东城区青年湖南街13号　邮政编码100011)
印　　装:天津市银博印刷集团有限公司
710mm×1000mm　1/16　印张11½　字数215千字　2024年6月北京第1版第1次印刷

购书咨询:010-64518888　　　　　　　　售后服务:010-64518899
网　　址:http://www.cip.com.cn
凡购买本书,如有缺损质量问题,本社销售中心负责调换。

定　　价:69.90元　　　　　　　　　　　　　版权所有　违者必究

前 言

PREFACE

随着国内城市化进程的加快，各类企业和事业等用人单位的用工安全问题也日益成为人们普遍关心的社会问题。

为帮助广大读者尽快熟悉和掌握工伤保险知识及相关法律法规基本常识，避免因自身缺少相关法律法规知识而造成不必要的人身安全和财产损失，以及减少由此带来的一些安全隐患和引发的一系列社会问题，在化学工业出版社的组织下，特编写了本书。

本书依据最新版《工伤保险条例》《中华人民共和国社会保险法》和《中华人民共和国劳动法》编写而成。书中精心选取了其中的常用与实用内容，以彩色图解的形式，对相关法律法规条文进行了全面解读。

全书内容共分9章。第1章介绍《工伤保险条例》的立法目的、适用范围及相关政策和标准等；第2章介绍工伤保险基金的构成和用途等；第3章介绍工伤认定的各种情形及申请材料等；第4章介绍劳动能力鉴定的条件、等级和鉴定步骤等；第5章介绍工伤保险的相关待遇等；第6章介绍工伤保险费的监督管理与争议处理等；第7章介绍相关机构、组织、用人单位及个人的法律责任等；第8章介绍工伤保险相关名词及特殊人员的工伤保险等；第9章介绍与工伤保险相关的其他法律法规和政策等。

本书图片解读准确，直观易懂；较复杂难懂的知识点配套3D MP4动画演示视频讲解，扫描书内相关章节的二维码即可观看。将图文内容和动画演示视频对照学习，便于快速理解和掌握。

本书适合法律法规学习入门者使用，也可供企业和事业单位及各类用人单位的人力资源部门与相关院校组织日常教学、培训使用（配备电子教学课件PPT），相关机构、组织的管理者以及对人身安全等感兴趣的读者也可参阅。

由于水平所限，书中难免有疏漏和不妥之处，敬请广大读者批评指正。

编著者

目 录

第6章
监督管理与争议处理

附录

第1章
《工伤保险条例》概述

1.1 立法目的

　　为了保障因工作遭受事故伤害或者患职业病的职工获得医疗救治和经济补偿，促进工伤预防和职业康复，分散用人单位的工伤风险，制定工伤保险条例（以下简称"本条例"）如图1-1-1所示。

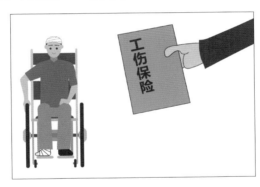

图 1-1-1　工伤保险

　　注意区别工伤保险与人身意外伤害保险。总体而言，工伤保险属于社会保险中的一种，而人身意外伤害保险属于商业保险的范畴。因此，工伤保险与人身意外伤害保险的关系，实质上是社会保险与商业保险的关系，两者在适用范围、基本原则、筹资办法、待遇水平等多方面均有不同。对于大多数用人单位而言，参加社会保险是法定义务，而是否参加商业保险，则由各单位自行决定（图1-1-2）。

　　《中华人民共和国建筑法》中还特别规定：建筑施工企业应当依法为职工参加工伤保险，缴纳工伤保险费。鼓励企业为从事危险作业的职工办理意外伤害保险，支付保险费。一个用人单位，如果既参加了工伤保险又购买了人身意外伤害保险，那么，其职工发生工伤后，除了按照本条例规定享受相应的工伤保险待遇以外，还可以根据与商业保险公司的保险合同约定，享受相应的商业保险待遇（图1-1-3）。

图 1-1-2　工伤保险属于社会保险中的一种　　图 1-1-3　建筑施工企业依法为职工参加
工伤保险

1.2　适用范围

❶ 中华人民共和国境内的企业、事业单位，社会团体，民办非企业单位，基金会，律师事务所，会计师事务所等组织和有雇工的个体工商户（以下称用人单位）应当依照本条例规定参加工伤保险，为本单位全部职工或者雇工（以下称职工）缴纳工伤保险费。

❷ 中华人民共和国境内的企业，事业单位，社会团体，民办非企业单位，基金会，律师事务所，会计师事务所等组织的职工和个体工商户的雇工，均有依照本条例的规定享受工伤保险待遇的权利。

1.3　保费征缴

工伤保险费的征缴按照《社会保险费征缴暂行条例》关于基本养老保险费、基本医疗保险费、失业保险费的征缴规定执行。

1.3.1　工伤保险费由谁缴纳

用人单位应当按时缴纳工伤保险费（图 1-3-1）。职工个人不缴纳工伤保险费。参加工伤保险虽然一部分是为了职工能够及时得到医疗救助和经济补偿，但主要还是为了化解用人单位工伤风险而设计的一种制度。

1.3.2　工伤保险费率

关于行业差别费率，根据2015年《人力资源社会保障部 财政部 关于调整工伤保险费率政策的通知》，按照《国民经济行业分类》对行业的划分，不同工伤风险类别的行业执行不同的工伤保险行业基准费率。各行业工伤风险类别对应的全国工伤保险行业基准费率为，一类至八类分别控制在该行业用人单位职工工资总额的0.2%、0.4%、0.7%、0.9%、1.1%、1.3%、1.6%、1.9%左右。

用人单位

图 1-3-1　用人单位应当按时缴纳工伤保险费

1.4　用人单位责任

❶ 用人单位应当将参加工伤保险的有关情况在本单位内公示。

❷ 用人单位和职工应当遵守有关安全生产和职业病防治的法律法规，执行安全卫生规程和标准，预防工伤事故发生，避免和减少职业病危害。

❸ 职工发生工伤时，用人单位应当采取措施使工伤职工得到及时救治（图1-4-1）。

图 1-4-1　用人单位应当采取措施使工伤职工得到及时救治

❹ 生产经营单位与从业人员订立的劳动合同，应当载明有关保障从业人员劳动安全、防止职业危害的事项，以及依法为从业人员办理工伤社会保险的事项。

❺ 生产经营单位不得以任何形式与从业人员订立协议，免除或者减轻其对从业人员因生产安全事故伤亡依法应承担的责任。

1.5 主管部门与经办机构

❶ 国务院社会保险行政部门负责全国的工伤保险工作。

❷ 县级以上地方各级人民政府社会保险行政部门负责本行政区域内的工伤保险工作。

❸ 社会保险行政部门按照国务院有关规定设立的社会保险经办机构（以下称经办机构）具体承办工伤保险事务。

❹《最高人民法院行政审判庭关于劳动行政部门在工伤认定程序中是否具有劳动关系确认权请示的答复》（[2009]行他字第12号）中明确，根据《中华人民共和国劳动法》第9条和《工伤保险条例》第5条、第18条的规定，劳动行政部门在工伤认定程序中，具有认定受到伤害的职工与企业之间是否存在劳动关系的职权。

1.6 工伤保险政策、标准的制定

社会保险行政等部门制定工伤保险的政策、标准，应当征求工会组织、用人单位代表的意见（图1-6-1）。

图 1-6-1 工伤保险政策、标准的制定

 扫一扫

看动画视频

第2章
工伤保险基金

2.1　工伤保险基金构成

　　工伤保险基金由用人单位缴纳的工伤保险费、工伤保险基金的利息和依法纳入工伤保险基金的其他资金构成（图2-1-1）。

用人单位缴纳的
工伤保险费

工伤保险基金的利息和依法
纳入工伤保险基金的其他资金

图 2-1-1　工伤保险基金的构成

　　工伤保险基金主要有以下特点。

　　❶ 强制性，即工伤保险费是国家以法律规定的形式，向规定范围内的用人单位征收的一种社会保险费。具有缴费义务的单位必须按照法律的规定履行缴费义务，否则就是一种违法行为，用人单位要按照法律的规定承担相应的法律责任（图2-1-2）。

　　❷ 共济性，即用人单位按规定缴纳工伤保险费后，不管该单位是否发生工伤，发生多大程度和范围的工伤，都应按照法律的规定由基金支付相应的工伤保险待遇。缴费单位不能因为没有发生工伤，未使用工伤保险基金，而要求返还缴纳的工伤保险费。社会保险经办机构也不应因单位发生的

图 2-1-2　按照法律的规定履行
工伤保险费缴纳

工伤多、支付的基金数额大，而要求该单位追加缴纳工伤保险费，只能在确定用人单位下一轮费率时适当考虑其工伤保险基金支付情况（图2-1-3）。

图 2-1-3　工伤保险费的共济性

❸ 专用性，国家根据社会保险事业的需要，事先规定工伤保险费的缴费对象、缴费基数和费率的基本原则。在征收时，不因缴费义务人的具体情况而随意调整。在工伤保险基金的使用上，实行专款专用，任何人不得挪用（图2-1-4）。

图 2-1-4　不得挪用工伤保险费

2.2　工伤保险费

工伤保险费根据以支定收、收支平衡的原则，确定费率（2-2-1）。

国家根据不同行业的工伤风险程度确定行业的差别费率，并根据工伤保险费使用、工伤发生率等情况在每个行业内确定若干费率档次（图2-2-2）。行业差别费率及行业内费率档次由国务院社会保险行政部门制定，报国务院批准后公布施行。

统筹地区经办机构根据用人单位工伤保险费使用、工伤发生率等情况，适用所属行业（图2-2-3）内相应的费率档次确定单位缴费费率。

图 2-2-1　工伤保险费收支平衡的原则

图 2-2-2　工伤保险费缴费费率

工伤保险费缴费费率的确定应把握以下两点。

❶ 以支定收、收支平衡，即以一个周期内的工伤保险基金的支付额度为标准，确定征缴保险费的额度，使工伤保险基金在一个周期内的收与支保持平衡。

❷ 关于用人单位具体缴费费率的确定。单位的缴费费率由统筹地区的经办机构根据该单位的工伤保险费使用、工伤发生率等情况，套用所在行业中的相应档次确定。这种具有竞争性的费率，使工伤发生多的单位缴纳的工伤保险费多（图2-2-4），工伤发生少的单位则缴费少，以达到促进安全生产的目的。

图 2-2-3　出现工伤较多的行业　　　　图 2-2-4　工伤发生多的单位缴纳的
　　　　　　　　　　　　　　　　　　　　　　　　工伤保险费多

2.3　行业差别费率及档次调整

国务院社会保险行政部门应当定期了解全国各统筹地区工伤保险基金收支情况，及时提出调整行业差别费率及行业内费率档次的方案，报国务院批准后公布施行（图2-3-1）。

图 2-3-1　工伤保险基金收支情况

2.4　缴费主体、缴费基数与费率

❶ 用人单位应当按时缴纳工伤保险费（图2-4-1）。职工个人不缴纳工伤保险费。

❷ 用人单位缴纳工伤保险费的数额为本单位职工工资总额与单位缴费费率之积。

❸ 对难以按照工资总额缴纳工伤保险费的行业，其缴纳工伤保险费的具体方式，由国务院社会保险行政部门规定。

2.4.1　工资总额

"本单位职工工资总额"，是指单位在一定时期内直接支付给本单位全部职工的劳动报酬总额，包括计时工资、计件工资、奖金、津贴和补贴、加班加点工资以及特殊情况下支付的工资（图2-4-2）。

图 2-4-1　用人单位应当按时缴纳工伤保险费

图 2-4-2　劳动报酬总额

2.4.2　职工在多个单位就业的工伤保险

职工在两个或两个以上用人单位同时就业的，各用人单位应当分别为职工缴纳工伤保险费。职工发生工伤，由职工受到伤害时其工作的单位依法承担工伤保险责任（《劳动和社会保障部关于实施〈工伤保险条例〉若干问题的意见》一）（图2-4-3）。

《最高人民法院关于审理工伤保险行政案件若干问题的规定》第3条第1款第1项也规定社会保险行政部门认定下列单位为承担工伤保险责任单位的，人民法院应予支持：职工与两个或两个以上单位建立劳动关系，工伤事故发生时，职工为之工作的单位为承担工伤保险责任的单位（图2-4-4）。

图 2-4-3　职工在两个单位同时就业

图 2-4-4　工伤赔偿

2.5　统筹层次、特殊行业异地统筹

❶ 工伤保险基金逐步实行省级统筹（图2-5-1）。

❷ 跨地区、生产流动性较大的行业，可以采取相对集中的方式异地参加统

筹地区的工伤保险。具体办法由国务院社会保险行政部门会同有关行业的主管部门制定。

贯彻落实《社会保险法》和《工伤保险条例》

图 2-5-1　工伤保险基金逐步实行省级统筹

❸ 铁路、远洋运输（图2-5-2）、石油、煤炭等行业，一般都跨地区，生产流动性较大。对于这些（特殊）行业，可以采取相对灵活的方式，集中参加层次相对高的工伤保险社会统筹的管理。同时，由于这些行业之间的差异较大，因此，本条规定具体办法由国务院社会保险行政部门会同有关行业的主管部门制定。

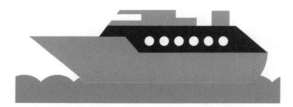

图 2-5-2　远洋运输

2.6　工伤保险基金和用途

图 2-6-1　社会保障基金财政专户

❶ 工伤保险基金存入社会保障基金财政专户（图2-6-1），用于本条例规定的工伤保险待遇，劳动能力鉴定，工伤预防的宣传、培训等费用，以及法律、法规规定的用于工伤保险的其他费用的支付。

❷ 工伤预防费用的提取比例、使用和管理的具体办法，由国务院社会保险行政部门会同国务院财政、卫生行政、安全生产监督管理等部门规定。

❸ 任何单位或者个人不得将工伤保险基金用于投资运营、兴建或者改建办公场所、发放奖金，或者挪作其他用途（图2-6-2）。

图 2-6-2　不得挪用工伤保险基金

2.6.1　工伤保险待遇

工伤保险待遇主要包括医疗康复待遇、伤残待遇和死亡待遇（图2-6-3）。医疗康复待遇包括诊疗费、药费、住院费用，以及在规定的治疗期内的工资待遇。

图 2-6-3　工伤保险待遇主要包括医疗康复待遇、
伤残待遇和死亡待遇

2.6.2　劳动能力鉴定费

劳动能力鉴定费是指劳动能力鉴定委员会支付给参加劳动能力鉴定的医疗卫生专家的费用。如果劳动能力鉴定（图2-6-4）是由劳动能力鉴定委员会委托具备资格的医疗机构协助进行的，劳动能力鉴定费也包括支付给相关医疗机构的诊断费用。

2.6.3 工伤预防费

工伤预防费主要用于工伤事故和职业病预防的宣传、教育与培训；安全生产奖励；对高危行业参保企业作业环境的检测和对从事职业危害作业的职工（主要是农民工）进行职业健康检查的补助；对用人单位工伤风险程度的评估等（图2-6-5）。

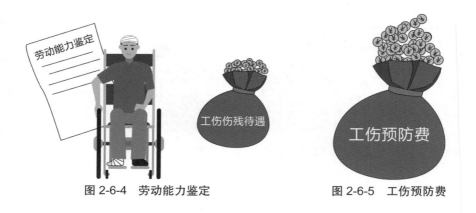

图 2-6-4 劳动能力鉴定　　　　　　　图 2-6-5 工伤预防费

2.6.4 法律、法规规定的用于工伤保险的其他费用

本条例虽明确列举了工伤保险基金的具体支出项目，但其不可能包括所有应该由基金支出的项目。为了给基金合法支出留有一定空间，同时，为了避免滥用基金情况的发生，本条例规定，只有全国人民代表大会及其常务委员会制定的法律、中华人民共和国国务院制定的行政法规和省级人民代表大会制定的地方性法规才能规定工伤保险基金的支出项目。

2.7　工伤保险储备金

工伤保险基金应当留有一定比例的储备金，用于统筹地区重大事故的工伤保险待遇支付（图2-7-1）。

图 2-7-1 工伤保险储备金

储备金不足支付的，由统筹地区的人民政府垫付（图2-7-2）。储备金占基金总额的具体比例和储备金的使用办法，由省、自治区、直辖市人民政府规定。

图 2-7-2　人民政府垫付

扫一扫

看动画视频

第3章
工伤认定

3.1　应当认定工伤的情形

职工有下列情形之一的，应当认定为工伤：

❶ 在工作时间和工作场所内，因工作原因受到事故伤害的；

❷ 工作时间前后在工作场所内，从事与工作有关的预备性或者收尾性工作受到事故伤害的（图3-1-1）；

❸ 在工作时间和工作场所内，因履行工作职责受到暴力等意外伤害的（图3-1-2）；

图 3-1-1　从事与工作有关的收尾性工作时受到事故伤害

图 3-1-2　因履行工作职责受到暴力等意外伤害

❹ 患职业病的（图3-1-3）；

❺ 因工外出期间，由于工作原因受到伤害或者发生事故下落不明的（图3-1-4）；

❻ 在上下班途中，受到非本人主要责任的交通事故或者城市轨道交通、客运轮渡、火车事故伤害的（图3-1-5）；

图 3-1-3　患职业病

图 3-1-4　因工外出时遇车祸

图 3-1-5　上下班途中的交通事故

❼ 法律、行政法规规定应当认定为工伤的其他情形。

3.1.1　工作时间

　　"工作时间"，是指法律规定的或者单位要求职工工作的时间。我国规定，劳动者每日工作时间不超过8小时，平均每周工作时间不超过40小时。据此，单位规定上下班的具体时间；实行不定时工作制的单位，单位确定的工作时间，为职工的工作时间（图3-1-6）。

图 3-1-6　工作时间

《最高人民法院行政审判庭关于职工外出学习休息期间受到他人伤害应否认定为工伤问题的答复》（[2007]行他字第9号）明确规定，职工受单位指派外出学习期间，在学习单位安排的休息场所休息时受到他人伤害的，应当认定为工伤（图3-1-7）。

图 3-1-7　外出学习休息期间受他人伤害

3.1.2　工作场所

"工作场所"，是指职工日常工作所在的场所，以及领导临时指派其所从事工作的场所（图3-1-8）。

根据《最高人民法院关于审理工伤保险行政案件若干问题的规定》第4条规定，在工作时间内，职工来往于多个与其工作职责相关的工作场所之间的合理区域因工受到伤害的，社会保险行政部门认定为工伤的，人民法院应予支持。

3.1.3　预备性工作

"预备性工作"，是指在工作前的一段合理时间内，从事与工作有关的准备工作，诸如运输、备料、准备工具等（图3-1-9）。

图 3-1-8　工作场所

图 3-1-9　预备性工作

3.1.4 收尾性工作

"收尾性工作",是指在工作后的一段合理时间内,从事与工作有关的收尾工作,诸如清理、安全贮存、收拾工具和衣物等(图3-1-10)。

图 3-1-10 收尾性工作

3.1.5 因履行工作职责受到暴力等意外伤害的

"因履行工作职责受到暴力等意外伤害的",有两层含义:

❶ 指职工因履行工作职责,使某些人的不合理的或违法的目的没有达到,这些人出于报复而对该职工进行的暴力人身伤害(图3-1-11);

❷ 指在工作时间和工作场所内,职工因履行工作职责受到的意外伤害,诸如地震、厂区失火、车间房屋倒塌(图3-1-12)以及由于单位其他设施不安全而造成的伤害等。

图 3-1-11 受到暴力意外伤害

图 3-1-12 车间房屋倒塌

《劳动和社会保障部办公厅关于对〈工伤保险条例〉有关条款释义的函》（劳社厅函[2006]497号）中指出，"因履行工作职责受到暴力等意外伤害"是指受到的暴力伤害与履行工作职责有因果关系。

3.1.6　职业病

职业病是指劳动者在职业活动中，因接触粉尘、放射性物质和其他有毒、有害因素而引起的疾病。对"职业病"的理解应注意：这里的"职业病"是本条例覆盖范围内的用人单位的劳动者所患的职业病；这里的"职业病"必须是本条例覆盖范围内的用人单位的职工在职业活动中导致的疾病。职业病的范围是由国家主管部门明文规定的（图3-1-13）。

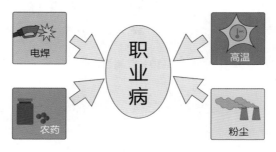

图 3-1-13　职业病

3.1.7　因工外出期间，由于工作原因受到伤害或者下落不明的

"因工外出"，是指职工不在本单位的工作范围内，由于工作需要被领导指派到本单位以外工作，或者为了更好地完成工作，自己到本单位以外从事与本职工作有关的工作。这里的"外出"包括两层含义：一是指到本单位以外，但是还在本地范围内；二是指不仅离开了本单位，并且到外地去了。而对于"因工外出期间"的认定，应当考虑职工外出是否属于用人单位指派的因工作外出，遭受的事故伤害是否因工作原因所致（图3-1-14）。

图 3-1-14　因工外出受伤

"由于工作原因受到伤害",是指由于工作原因直接或间接造成的伤害,包括事故伤害、暴力伤害和其他形式的伤害。这里的"事故",包括安全事故、意外事故以及自然灾害(图3-1-15)等各种形式的事故。

图 3-1-15　自然灾害

《最高人民法院关于审理工伤保险行政案件若干问题的规定》第5条规定,社会保险行政部门认定下列情形为"因工外出期间"的,人民法院应予支持:

❶ 职工受用人单位指派或者因工作需要在工作场所以外从事与工作职责有关的活动期间;

❷ 职工受用人单位指派外出学习或者开会期间(图3-1-16);

图 3-1-16　外出学习或开会期间

❸ 职工因工作需要的其他外出活动期间。

职工因工外出期间从事与工作或者受用人单位指派外出学习、开会无关的个人活动受到伤害(图3-1-17),社会保险行政部门不认定为工伤的,人民法院应予支持。

图 3-1-17 与工作无关的个人活动受到伤害

3.1.8 上下班途中受到非本人主要责任的事故伤害

"上下班途中",是指合理的上下班时间和合理的上下班路途。《人力资源和社会保障部关于执行〈工伤保险条例〉若干问题的意见（二）》规定："职工以上下班为目的、在合理时间内往返于工作单位和居住地之间的合理路线,视为上下班途中。"《最高人民法院关于审理工伤保险行政案件若干问题的规定》第6条规定,对社会保险行政部门认定下列情形为"上下班途中"的,人民法院应予支持:

❶ 在合理时间内往返于工作地与住所地、经常居住地、单位宿舍的合理路线的上下班途中（图 3-1-18）;

❷ 在合理时间内往返于工作地与配偶、父母、子女居住地的合理路线的上下班途中（图 3-1-19）;

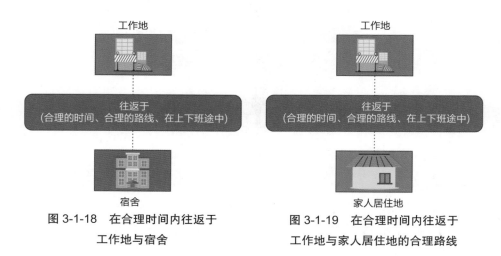

图 3-1-18 在合理时间内往返于
工作地与宿舍

图 3-1-19 在合理时间内往返于
工作地与家人居住地的合理路线

❸ 从事属于日常工作生活所需要的活动，且在合理时间和合理路线的上下班途中；

❹ 在合理时间内其他合理路线的上下班途中（图3-1-20）。

"非本人主要责任"事故，包括非本人主要责任的交通事故和非本人主要责任的城市轨道交通、客运轮渡和火车事故，其中"交通事故"是指《中华人民共和国道路交通安全法》第119条规定的车辆在道路上因过错或者意外造成的人身伤亡或者财产损失的事件（图3-1-21）。

图 3-1-20　其他合理路线的
上下班途中

图 3-1-21　交通事故

"车辆"是指机动车（图3-1-22）和非机动车。

图 3-1-22　机动车

"道路"是指公路、城市道路（图3-1-23）和虽在单位管辖范围但允许社会机动车通行的地方，包括广场、公共停车场等用于公众通行的场所。

对于"非本人主要责任"的认定，应当以有关机关（如公安机关交通管理、交通运输等部门）出具的法律文书或者人民法院的生效裁决为依据。

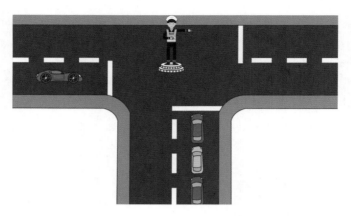

图 3-1-23　城市道路

3.2　视同工伤的情形及其保险待遇

职工有下列情形之一的，视同工伤：

❶ 在工作时间和工作岗位，突发疾病死亡或者在48小时之内经抢救无效死亡的（图3-2-1）；

图 3-2-1　突发疾病死亡或在 48 小时之内抢救无效死亡

❷ 在抢险救灾等维护国家利益（图3-2-2）、公共利益活动中受到伤害的；

❸ 职工原在军队服役，因战、因公负伤（图3-2-3）致残，已取得革命伤残军人证，到用人单位后旧伤复发的。

职工有以上第❶项、第❷项情形的，按照本条例的有关规定享受工伤保险待遇；职工有第❸项情形的，按照本条例的有关规定享受除一次性伤残补助金以外的工伤保险待遇。

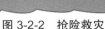

图 3-2-2　抢险救灾

图 3-2-3　因公负伤

3.2.1　在工作时间、工作岗位突发疾病

"突发疾病"，是指突然发生任何种类的疾病，一般多为心脏病、脑出血、心肌梗死等突发性疾病。职工在工作时间和工作岗位突发疾病当场死亡的，以及职工在工作时间和工作岗位突发疾病后没有当时死亡，但在48小时之内经抢救无效死亡的，应当视同工伤。

符合以上情形的，职工所在用人单位原则上应自职工死亡之日起5个工作日内向用人单位所在统筹地区社会保险行政部门报告。

3.2.2　在维护国家利益、公共利益活动中受到伤害的

"维护国家利益"，是指为了减少或者避免国家利益遭受损失，职工挺身而出。"维护公共利益"，是指为了减少或者避免公共利益遭受损失，职工挺身而出。本条列举了抢险救灾这种情形，是为了帮助大家更好地理解和掌握哪种情形属于维护国家利益和维护公共利益，但凡是与抢险救灾性质类似的行为，都应当认定为属于维护国家利益和维护公共利益的行为。需强调的是，在这种情形下，没有工作时间、工作地点、工作原因等要素要求。例如，某单位职工在过铁路道口时，看到在道口附近有个小孩正牵着一头牛过铁道，这时，前方恰好有一辆满载旅客的列车驶来，该职工赶紧过去将牛牵走并将小孩推出铁道。列车安全地通过了，可该职工却因来不及跑开，被列车撞成重伤。该职工的这种行为，就应属于维护国家利益和公共利益的行为（图3-2-4）。

图 3-2-4　维护国家利益

3.2.3　职工原在军队服役，因战、因公负伤致残，已取得革命伤残军人证，到用人单位后旧伤复发的

❶ "因战致残"是指：a. 对敌作战致残；b. 因执行任务或者被俘、被捕后不屈致残；c. 为抢救和保护国家财产、人民生命财产或者执行反恐怖任务和处置突发事件致残；d. 因执行军事演习、战备航行飞行、空降和导弹发射训练、试航试飞任务以及参加武器装备科研实验致残；e. 在执行外交任务或者国家派遣的对外援助、维持国际和平任务中致残等。

❷ "因公致残"是指：a. 在执行任务中或者在上下班途中由于意外事件致残（图 3-2-5）；b. 被认定为因战、因公致残后因旧伤复发；c. 因患职业病致残；d. 在执行任务中或者在工作岗位上因病致残，或者因医疗事故致残等。

❸ "旧伤复发"，是指职工在军队服役期间，因战、因公负伤致残，并取得革命伤残军人证，到用人单位后其在军队服役期间因战、因公负伤的伤害部位（伤口）发生变化，需要进行治疗或相关救治的情形（图 3-2-6）。

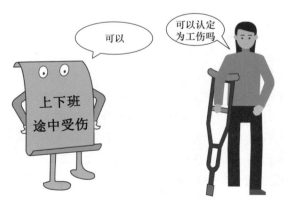

图 3-2-5　因公致残　　　　　　　图 3-2-6　旧伤复发

3.3 不属于工伤的情形

职工符合本条例第十四条、第十五条的规定，但是有下列情形之一的，不得认定为工伤或者视同工伤：故意犯罪的；醉酒或吸毒的；自残或自杀的。

3.3.1 故意犯罪

本条只将"因故意犯罪导致事故伤害的"规定为"不认定为工伤"的情形。我国《刑法》第14条规定，明知自己的行为会发生危害社会的结果，并且希望或者放任这种结果发生，因而构成犯罪的，是故意犯罪（图3-3-1）。对"故意犯罪"的认定，应当以司法机关的生效法律文书或者结论性意见为依据。

图 3-3-1　故意犯罪

3.3.2 醉酒或吸毒

对"醉酒或吸毒"的认定，应当以有关机关出具的法律文书或者人民法院的生效裁决为依据。无法获得上述证据的，可以结合相关证据认定。

❶ "醉酒"，是指职工饮用含有酒精的饮料达到醉酒的状态，在酒精作用期间从事工作受到事故伤害。职工在工作时因醉酒导致行为失控而对自己造成的伤害，不认定为工伤。对于醉酒，应当依据行为人体内酒精含量的检测结果做出认定，如发现行为人体内酒精含量达到或者超过一定标准，就应当认定为醉酒。对于醉酒标准，可以参照《车辆驾驶人员血液、呼气酒精含量阈值与检验》的规定，即血液中的酒精含量大于或者等于80毫克/100毫升（图3-3-2）。

❷ 关于吸毒，根据《中华人民共和国禁毒法》的规定，毒品是指鸦片、海洛因、甲基苯丙胺（冰毒）、吗啡、大麻、可卡因，以及国家规定管制的其他能够使人形成瘾癖的麻醉药品和精神药品（图3-3-3）。

图 3-3-2　醉酒

图 3-3-3　吸毒

3.3.3　自残或自杀

❶"自残"是指通过各种手段和方法伤害自己的身体,并造成伤害结果的行为。

❷"自杀"是指通过各种手段和方法自己结束自己生命的行为。

3.4　申请工伤认定的主体、时限及受理部门

❶ 职工发生事故伤害或者按照职业病防治法规定被诊断、鉴定为职业病，所在单位应当自事故伤害发生之日或者被诊断、鉴定为职业病之日起30日内，向统筹地区社会保险行政部门提出工伤认定申请。遇有特殊情况，经报社会保险行政部门同意，申请时限可以适当延长（图3-4-1）。

图 3-4-1　工伤认定申请

❷ 用人单位未按第❶条规定提出工伤认定申请的，工伤职工或者其近亲属、工会组织在事故伤害发生之日或者被诊断、鉴定为职业病之日起1年内，可以直接向用人单位所在地统筹地区社会保险行政部门提出工伤认定申请。

❸ 按照第❶条规定应当由省级社会保险行政部门进行工伤认定的事项，根据属地原则由用人单位所在地的设区的市级社会保险行政部门办理。

❹ 用人单位未在第❶条规定的时限内提交工伤认定申请，在此期间发生符合本条例规定的工伤待遇等有关费用由该用人单位负担（图3-4-2）。

图 3-4-2　用人单位负责相关费用

3.4.1 工伤认定申请的主体

工伤认定的申请主体有两类：一是工伤职工所在单位；二是工伤职工或者其近亲属，以及工伤职工所在单位的工会组织及符合我国工会法规定的各级工会组织。注意有权申请工伤认定的亲属限于近亲属，如配偶、父母、成年子女等，才可以成为工伤认定申请的主体（图3-4-3和图3-4-4）。

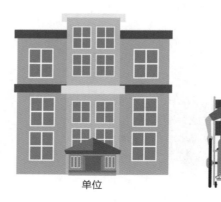

单位

图 3-4-3　工伤职工所在单位

图 3-4-4　工伤职工或者其近亲属

3.4.2 申请工伤认定的时限

因申请主体的不同，工伤认定的申请时限也不同。

❶ 对用人单位而言，申请时限一般为在事故伤害发生之日或者确诊为职业病之日起30日内；特殊情况的，经社会保险行政部门批准，可以适当延长（图3-4-5）。用人单位逾期未提出认定申请的，在此期间发生的工伤待遇等有关费用由该用人单位负担。

图 3-4-5　申请时限

❷ 对个人而言，工伤认定的申请时限为事故伤害发生之日起或者被确诊为职业病之日起的1年内（图3-4-6）。

曾经从事接触职业病危害作业，当时没有发现罹患职业病，离开工作岗位后被诊断或鉴定为职业病的，符合下列条件的人员可以自诊断、鉴定为职业病之日起1年内申请工伤认定，社会保险行政部门应当受理：

❶ 办理退休手续后，未再从事接触职业病危害作业的退休人员（图3-4-7）；

图 3-4-6　工伤认定的申请为1年内
（确诊为职业病）

图 3-4-7　办理退休手续后

❷ 劳动或聘用合同期满后或者本人提出而解除劳动或聘用合同后，未再从事接触职业病危害作业的人员（图3-4-8）。

《人力资源和社会保障部关于执行〈工伤保险条例〉若干问题的意见（二）》规定："有下列情形之一的，被延误的时间不计算在工伤认定申请时限内。

图 3-4-8 聘用合同期满后

❶ 受不可抗力影响的；

❷ 职工由于被国家机关依法采取强制措施等人身自由受到限制不能申请工伤认定的；

❸ 申请人正式提交了工伤认定申请，但因社会保险机构未登记或者材料遗失等原因造成申请超时限的；

❹ 当事人就确认劳动关系申请劳动仲裁或提起民事诉讼的；

❺ 其他符合法律法规规定的情形。"

《最高人民法院关于审理工伤保险行政案件若干问题的规定》第7条规定："由于不属于职工或者其近亲属自身原因超过工伤认定申请期限的，被耽误的时间不计算在工伤认定申请期限内。有下列情形之一耽误申请时间的，应当认定为不属于职工或者其近亲属自身原因：

❶ 不可抗力；

❷ 人身自由受到限制；

❸ 属于用人单位原因；

❹ 社会保险行政部门登记制度不完善；

❺ 当事人对是否存在劳动关系申请仲裁、提起民事诉讼。"

3.5 申请材料

提出工伤认定申请应当提交下列材料：

❶ 工伤认定申请表（图3-5-1）；

❷ 与用人单位存在劳动关系（包括事实劳动关系）的证明材料（图3-5-2）；

图 3-5-1　工伤认定申请表　　　　　　图 3-5-2　劳动合同

❸ 医疗诊断证明或者职业病诊断证明书（或者职业病诊断鉴定书）
（图 3-5-3）。

　　工伤认定申请表应当包括事故发生的时间、地点、原因以及职工伤害程度
等基本情况。

　　工伤认定申请人提供材料不完整的，社会保险行政部门应当一次性书面告
知工伤认定申请人需要补正的全部材料。申请人按照书面告知要求补正材料后，
社会保险行政部门（图 3-5-4）应当受理。

图 3-5-3　职业病诊断鉴定书

图 3-5-4　社会保险行政部门

3.5.1　与用人单位存在劳动关系的证明材料

　　劳动合同是证明用人单位与职工之间存在劳动关系的有力凭证，是主要的

证明材料。对于现实中部分不与职工签订劳动合同的用人单位，可以把其他有关的材料作为实际用工已形成劳动关系的证明材料，如工资报酬的领取证明、同事的书面证明等。

3.5.2　医疗诊断证明

出具普通事故伤害的医疗证明，没有严格的法定程序，为了保证所提供的医疗诊断证明的真实性，社会保险行政部门可以根据需要对事故伤害进行调查核实。此外，医师在出具有关工伤的医疗证明文件时必须签名，并对证明的真实性承担法律责任（图3-5-5）。

图 3-5-5　医疗诊断证明

3.6　事故调查及举证责任

❶ 社会保险行政部门受理工伤认定申请后，根据审核需要可以对事故伤害进行调查核实（图3-6-1），用人单位、职工、工会组织、医疗机构以及有关部门应当予以协助。职业病诊断和诊断争议的鉴定，依照职业病防治法的有关规定执行。对依法取得职业病诊断证明书或者职业病诊断鉴定书的，社会保险行政部门不再进行调查核实。

❷ 职工或者其近亲属认为是工伤，用人单位不认为是工伤的，由用人单位承担举证责任（图3-6-2）。

❸ 注意职工与单位对工伤认定存在争议时，适用举证责任倒置原则，由用人单位承担举证责任。用人单位拒不举证的，社会保险行政部门可以根据受伤害职工提供的证据依法做出工伤认定结论（图3-6-3）。

图 3-6-1　对事故伤害进行调查核实

图 3-6-2　用人单位承担举证责任

图 3-6-3　做出工伤认定结论

3.7　工伤认定的时限、回避

❶ 社会保险行政部门应当自受理工伤认定申请之日起60日内做出工伤认定的决定，并书面通知申请工伤认定的职工或者其近亲属和该职工所在单位（图3-7-1）。

图 3-7-1　工伤认定

❷ 社会保险行政部门对受理的事实清楚、权利义务明确的工伤认定申请，应当在15日内做出工伤认定的决定（图3-7-2）。

❸ 做出工伤认定决定需要以司法机关或者有关行政主管部门的结论为依据的，在司法机关或者有关行政主管部门尚未做出结论期间，做出工伤认定决定的时限中止（图3-7-3）。

图 3-7-2　工伤认定

图 3-7-3　司法机关做出工伤认定决定

❹ 社会保险行政部门工作人员与工伤认定申请人有利害关系的，应当回避（图3-7-4）。

图 3-7-4　回避原则

3.7.1　工伤认定时限的中止

　　针对实践中存在的一些工伤认定决定需要等待司法机关或者有关行政主管部门做出结论的情况，本条例专门做了中止规定。

　　比如，社会保险行政部门受理工伤认定申请后，发现劳动关系存在争议且无法确认的，应告知当事人可以向劳动人事争议仲裁委员会申请仲裁（图3-7-5）。

　　在此期间，做出工伤认定决定的时限中止，并书面通知申请工伤认定的当事人。劳动关系依法确认后当事人应将有关法律文书送交受理工伤认定申请的社会保险行政部门，该部门自收到生效法律文书之日起恢复工伤认定程序。

　　又如，受到事故伤害的职工正在接受法院的审理，是否认定其故意犯罪（图3-7-6），在这期间应当中止工伤认定，如果法院认定为不是故意犯罪或者无罪，就需重新启动工伤认定程序。

图 3-7-5　向劳动人事争议仲裁委员会
　　　　　申请仲裁

图 3-7-6　是否认定其故意犯罪

　　再如，上下班途中发生的交通事故（图3-7-7），是不是职工本人的主要责任，应等待交通管理机关的认定，同样应当中止工伤认定，如果结果是本人应当负主要责任，则不能认定为工伤，反之则应当认定为工伤。

图 3-7-7　上下班途中发生的交通事故

3.7.2　工伤认定的回避

　　社会保险行政部门的工作人员，包括部门领导、一般工作人员，无论是否与工伤认定工作直接相关，凡与工伤认定申请人有亲戚等可能影响公正做出工伤认定的利害关系的，都需回避（图3-7-8）。

图 3-7-8　与工伤认定申请人有利害关系的都需回避

第4章
劳动能力鉴定

4.1　鉴定的条件

　　职工发生工伤，经治疗伤情相对稳定后存在残疾、影响劳动能力的，应当进行劳动能力鉴定（图4-1-1）。

　　根据本条的规定，职工进行劳动能力鉴定的条件有三个：

❶ 应该在经过治疗，伤情处于相对稳定状态后进行（图4-1-2）。

图 4-1-1　进行劳动能力鉴定

图 4-1-2　伤情处于相对稳定状态后进行鉴定

❷ 工伤职工必须存在残疾，主要表现在身体上的残疾，例如，身体的某一器官造成损伤，或者造成肢体残疾等（图4-1-3）。

❸ 工伤职工的残疾须对工作、生活产生了直接的影响，伤残程度已经影响到职工本人的劳动能力（图4-1-4）。例如，职工工伤后由于身体造成的伤残不能从事工伤前的工作，只能从事劳动强度相对较弱、岗位工资与奖金可能相对较少的工作，有的甚至不得不退出生产、工作岗位，不能像正常职工那样获取工资报酬，而只能依靠领取工伤保险待遇维持基本生活。

图 4-1-3 肢体残疾

图 4-1-4 伤残程度已经影响到职工本人的劳动能力

4.2 劳动能力鉴定等级

❶ 劳动能力鉴定是指劳动功能障碍程度和生活自理障碍程度的等级鉴定（图 4-2-1）。

劳动能力鉴定

劳动能力鉴定机构

图 4-2-1 劳动能力鉴定

❷ 劳动功能障碍分为十个伤残等级，最重的为一级，最轻的为十级（图 4-2-2）。

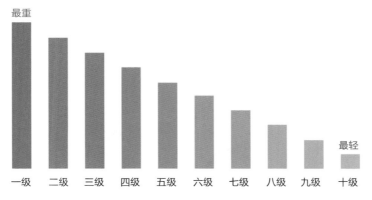

图 4-2-2　劳动功能障碍伤残等级

❸ 生活自理障碍分为三个等级：生活完全不能自理、生活大部分不能自理和生活部分不能自理（图4-2-3）。

等级鉴定

图 4-2-3　生活自理障碍等级

❹ 劳动能力鉴定标准由国务院社会保险行政部门会同国务院卫生行政部门等部门制定。

4.2.1　劳动能力鉴定标准

劳动能力鉴定是指劳动能力鉴定机构对劳动者在职业活动中因工负伤或患职业病后，根据国务院社会保险行政部门会同国务院卫生行政部门等制定的标准，在评定伤残等级时，通过医学检查对劳动功能障碍程度（伤残程度）和生活自理障碍程度做出的判定结论（图4-2-4）。我国现行的劳动能力鉴定标准为2015年1月1日实施的《劳动能力鉴定　职工工伤与职业病致残等级》（GB/T 16180—2014）。

图 4-2-4　伤残鉴定

4.2.2　职工因工多处受伤，伤残等级如何评定

根据《劳动能力鉴定　职工工伤与职业病致残等级》的规定，工伤职工身体多处伤残的，劳动能力鉴定委员会在鉴定的时候，对于同一器官或系统多处损伤，或一个以上器官不同部位同时受到损伤者，应先对单项伤残程度进行鉴定（图4-2-5）。如果几项伤残等级不同，以重者定级；如果两项及以上等级相同，最多晋升一级。

图 4-2-5　劳动能力鉴定

4.3 申请鉴定的主体、受理机构、申请材料

　　劳动能力鉴定由用人单位、工伤职工或者其近亲属向设区的市级劳动能力鉴定委员会提出申请（图4-3-1），并提供工伤认定决定和职工工伤医疗的有关资料。

图 4-3-1　近亲属提出申请

4.3.1　劳动能力鉴定的申请主体

　　❶ 用人单位，即工伤职工所在单位（图4-3-2）。职工发生事故伤害后，为职工申请工伤认定、劳动能力鉴定，是单位的法定责任。

图 4-3-2　用人单位

　　❷ 工伤职工，即因工受到事故伤害被认定为工伤的职工（图4-3-3）。

图 4-3-3　工伤职工

❸ 职工的近亲属。一般包括：配偶、子女、父母、兄弟姐妹、祖父母、外祖父母（图4-3-4）。

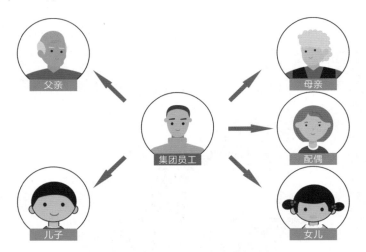

图 4-3-4　职工的近亲属

4.3.2　劳动能力鉴定的受理机构

我国的劳动能力鉴定机构为劳动能力鉴定委员会（图4-3-5）。劳动能力鉴定委员会分为设区的市级劳动能力鉴定委员会和省、自治区、直辖市劳动能力鉴定委员会两级，由设区的市级劳动能力鉴定委员会受理劳动能力的初次鉴定申请。

图 4-3-5 劳动能力鉴定委员会

4.3.3 劳动能力鉴定的申请材料

❶ 工伤认定（图4-3-6）决定，即由社会保险行政部门根据国家规定，确定职工受伤或者职业病是否属于工伤范围，是否符合工伤条件的书面决定。

图 4-3-6 工伤认定

❷ 职工工伤医疗的有关资料，即职工受到事故伤害或者患职业病，到医疗机构进行治疗过程中，由医院记载的有关负伤职工的病情、病史、治疗情况等资料（图4-3-7）。劳动能力鉴定机构据此审查负伤职工的伤情是否处于稳定状态，能否进行劳动能力鉴定。

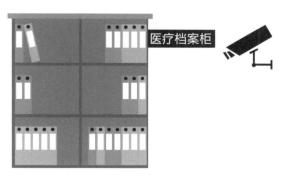

图 4-3-7t 职工工伤医疗的有关资料

4.4 鉴定委员会人员构成、专家库

省、自治区、直辖市劳动能力鉴定委员会和设区的市级劳动能力鉴定委员会分别由省、自治区、直辖市和设区的市级社会保险行政部门、卫生行政部门、工会组织、经办机构代表以及用人单位代表组成。

劳动能力鉴定委员会建立医疗卫生专家库。列入专家库的医疗卫生专业技术人员应当具备下列条件：

❶ 具有医疗卫生高级专业技术职务任职资格；

❷ 掌握劳动能力鉴定的相关知识（图4-4-1）；

图 4-4-1 掌握劳动能力鉴定的相关知识

❸ 具有良好的职业品德。

劳动能力鉴定委员会医疗卫生专家库由专门的医疗卫生方面的专家组成。工伤职工的劳动能力鉴定必须经过专家的综合会诊、签署鉴定意见后，劳动能力鉴定委员会才能做出劳动能力鉴定结论。

4.5 鉴定步骤、时限

❶ 设区的市级劳动能力鉴定委员会收到劳动能力鉴定申请后，应当从其建立的医疗卫生专家库中随机抽取3名或者5名相关专家组成专家组（图4-5-1），由专家组提出鉴定意见。设区的市级劳动能力鉴定委员会根据专家组的鉴定意见做出工伤职工劳动能力鉴定结论；必要时，可以委托具备资格的医疗机构协助进行有关的诊断。

❷ 设区的市级劳动能力鉴定委员会应当自收到劳动能力鉴定申请之日起60

日内做出劳动能力鉴定结论（图4-5-2），必要时，做出劳动能力鉴定结论的期限可以延长30日。劳动能力鉴定结论应当及时送达申请鉴定的单位和个人。

图 4-5-1　专家组

图 4-5-2　劳动能力鉴定结论

❸ 设区的市级劳动能力鉴定委员会进行劳动能力鉴定，分为以下几个步骤。

a. 组成专家组（图4-5-3）。专家组由从医疗卫生专家库中随机抽取的3名或者5名相关专家组成。"随机抽取"，是指按照自由组合的原则从专家库中抽取专家，防止申请人或者与劳动能力鉴定有利害关系的人提前与医疗专家沟通，影响劳动能力鉴定结论的公正性。

图 4-5-3　组成专家组

　　b. 提出鉴定意见（图4-5-4）。专家组根据医疗专业知识和劳动能力的评残标准做出医疗鉴定。专家组的鉴定意见是劳动能力鉴定委员会做出劳动能力鉴定结论的依据。

　　c. 做出劳动能力鉴定结论（图4-5-5）。劳动能力鉴定委员会根据专家组的鉴定意见，确定伤残职工的劳动功能障碍程度和生活护理依赖程度，做出劳动能力鉴定结论。

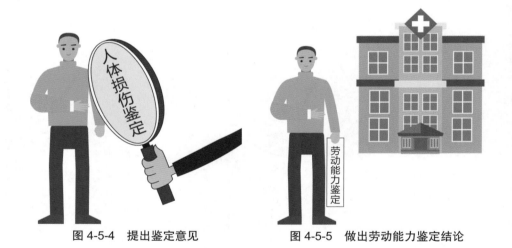

图 4-5-4　提出鉴定意见　　　　　　图 4-5-5　做出劳动能力鉴定结论

4.6　再次鉴定

　　申请鉴定的单位或者个人对设区的市级劳动能力鉴定委员会做出的鉴定结论不服的，可以在收到该鉴定结论之日起15日内向省、自治区、直辖市劳动能力鉴定委员会提出再次鉴定申请（图4-6-1）。省、自治区、直辖市劳动能力鉴定委员会做出的劳动能力鉴定结论为最终结论。

图 4-6-1　15 日内提出再次鉴定申请

4.6.1　再次鉴定的申请时限

再次鉴定的申请时限为收到鉴定结论之日起15日内，也就是说，如果申请人在15日内没有提出再次鉴定申请，设区的市级劳动能力鉴定委员会做出的劳动能力鉴定结论就具有法律效力。对于已经具有法律效力的鉴定结论，当事人不能提出再次鉴定的申请。这时如果申请人仍向上一级劳动能力鉴定委员会提出申请的，上一级劳动能力鉴定委员会可以以超过时效为由不予受理。

4.6.2　再次鉴定申请的受理机构

再次鉴定申请的受理机构为省、自治区、直辖市劳动能力鉴定委员会。省、自治区、直辖市劳动能力鉴定委员会做出的劳动能力鉴定结论为劳动能力鉴定委员会鉴定程序中的最终结论。

4.6.3　职工对伤残等级结论不服，能否提起行政诉讼

《人力资源社会保障行政复议办法》规定，公民、法人或者其他组织对劳动能力鉴定委员会的行为，不能申请行政复议（图4-6-2）。这就是说，对于劳动能力鉴定等级不服的，公民、法人提出行政诉讼没有法律依据。从劳动能力鉴定委员会的组织和工作性质来看，伤残鉴定不是行政行为。因为，伤残等级鉴定工作是根据国家评残标准进行的，劳动能力鉴定委员会是当地政府协调劳动、卫生和工会等部门互相配合、支持这项事业的虚设机构，劳动能力鉴定办公室的工作是具体组织落实。伤残等级和护理依赖程度的鉴定是医学专家组根据工伤职工的伤情做出的技术性结论，它在很大程度上属于技术性和事业性的工作，不是行政行为。

图 4-6-2　不能申请行政复议

　　工伤职工对伤残等级结论不服，正确的做法应该是通过由下而上的复查程序，以保障鉴定工作的公正合理。另外，也可以在工伤劳动争议诉讼中借助司法鉴定程序。

4.7　鉴定工作原则、回避制度

　　劳动能力鉴定工作应当客观、公正。劳动能力鉴定委员会组成人员或者参加鉴定的专家与当事人有利害关系的，应当回避（图4-7-1）。

图 4-7-1　鉴定工作原则、回避制度

　　这里的"回避"，主要是指为确保劳动能力鉴定工作的客观、公正，经当事人申请，对与当事人或申请人有利害关系的劳动能力鉴定委员会成员或者参加鉴定的医疗专家，要求其回避，不得参与劳动能力鉴定工作。这里的"利害关系"，是指劳动能力鉴定委员会成员或者参加鉴定的医疗专家，与当事人有亲属关系、同学关系、同事关系，或其他诸如财产利益等关系（图4-7-2）。

图 4-7-2 回避

4.8 复查鉴定

自劳动能力鉴定结论做出之日起1年后，工伤职工或者其近亲属、所在单位或者经办机构认为伤残情况发生变化的，可以申请劳动能力复查鉴定（图4-8-1）。

图 4-8-1 劳动能力复查鉴定

4.8.1 劳动能力复查鉴定

劳动能力复查鉴定，是指已经劳动能力鉴定委员会鉴定过的工伤职工，在鉴定结论做出一段时期后，工伤职工或者其近亲属、所在单位或者经办机构认为残情发生变化，向劳动能力鉴定委员会提出申请，劳动能力鉴定委员会依据国家标准对其进行的复查鉴定（图4-8-2）。

图 4-8-2　劳动能力复查鉴定

4.8.2　劳动能力复查鉴定的申请时间

劳动能力复查鉴定的申请时间，为劳动能力鉴定结论做出之日起1年后（图4-8-3）。

图 4-8-3　劳动能力复查鉴定的申请时间

4.8.3　劳动能力复查鉴定的申请人

有权提出劳动能力复查鉴定的申请人包括：工伤职工或者其近亲属（图4-8-4）、工伤职工所在单位、经办机构。

图 4-8-4　工伤职工的近亲属

4.9　再次鉴定和复查鉴定的时限

　　劳动能力鉴定委员会依照4.6节和4.8节的规定进行再次鉴定及复查鉴定的期限，依照4.5节第❷条的规定执行。

　　明确了再次鉴定和复查鉴定的时限，规定劳动能力再次鉴定和复查鉴定（图4-9-1）的时限按照初次鉴定的时限执行。即在一般情况下，劳动能力再次鉴定和复查鉴定结论应该在收到劳动能力再次鉴定和复查鉴定申请之日起60日内做出。只有在工伤职工的病情复杂，或者遇到当事人不能预见、不能避免并不能克服的不可抗力等情况时，劳动能力再次鉴定和复查鉴定期限才可以适当延长，但延长期不能超过30日。

设区的市级劳动能力鉴定委员会

负责本辖区内的劳动能力初次鉴定和复查鉴定

图 4-9-1　劳动能力再次鉴定和复查鉴定

扫一扫

看动画视频

第5章
工伤保险待遇

5.1 工伤职工的治疗

❶ 职工因工作遭受事故伤害或者患职业病进行治疗，享受工伤医疗待遇（图5-1-1）。

图 5-1-1　工伤医疗待遇

❷ 职工治疗工伤时应当在签订服务协议的医疗机构就医，情况紧急时可以先到就近的医疗机构急救（图5-1-2）。

图 5-1-2　情况紧急时可以先到就近的医疗机构急救

❸ 治疗工伤所需费用符合工伤保险诊疗项目目录、工伤保险药品目录、工伤保险住院服务标准的，从工伤保险基金中支付（图5-1-3）。工伤保险诊疗项目目录、工伤保险药品目录、工伤保险住院服务标准，由国务院社会保险行政部门会同国务院卫生行政部门、食品药品监督管理部门等部门规定。

图 5-1-3　治疗工伤所需费用从工伤保险基金中支付

❹ 职工住院治疗工伤的伙食补助费，以及经医疗机构出具证明，报经办机构同意，工伤职工到统筹地区以外就医所需的交通、食宿费用从工伤保险基金中支付（图5-1-4），基金支付的具体标准由统筹地区人民政府规定。

❺ 工伤职工治疗非工伤引发的疾病（图5-1-5），不享受工伤医疗待遇，按照基本医疗保险办法处理。

图 5-1-4　职工住院治疗工伤的伙食
补助费从工伤保险基金中支付

图 5-1-5　非工伤引发的疾病

❻ 工伤职工到签订服务协议的医疗机构进行工伤康复的费用，符合规定的，从工伤保险基金中支付（图5-1-6）。

图 5-1-6　工伤康复的费用从工伤保险基金中支付

5.1.1　工伤医疗待遇

❶ 治疗工伤所需的挂号费、医疗费、药费、住院费等费用符合工伤保险诊疗项目目录、工伤保险药品目录、工伤保险住院服务标准的，从工伤保险基金中支付（图5-1-7）；

图 5-1-7　挂号费、医疗费、药费、住院费从工伤保险基金中支付

❷ 工伤职工治疗工伤需要住院的，职工住院治疗工伤的伙食补助费，以及经医疗机构出具证明，报经办机构同意，工伤职工到统筹地区以外就医所需的交通、食宿费用从工伤保险基金中支付，基金支付的具体标准由统筹地区人民政府规定（图5-1-8）；

❸ 工伤职工需要停止工作接受治疗的，享受停工留薪期待遇（图5-1-9），停工留薪期满后，需要继续治疗的，继续享受❶、❷项工伤医疗待遇。

图 5-1-8 交通、食宿费用从工伤
保险基金中支付

图 5-1-9 停工留薪

5.1.2 工伤医疗机构

❶ 工伤职工因工负伤或者患职业病进行治疗（包括康复性治疗），应当前往签订服务协议的医疗机构就医（图5-1-10），情况紧急时可以先到就近的医疗机构急救。

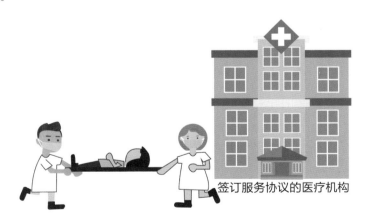

图 5-1-10 前往签订服务协议的医疗机构就医

❷ 工伤职工确需跨统筹地区就医的须由医疗机构出具证明，并经经办机构同意（图5-1-11）。

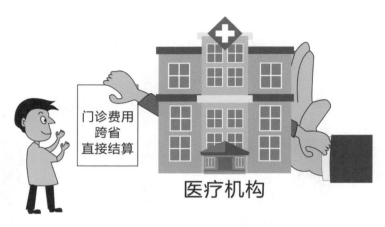

图 5-1-11　需跨统筹地区就医

❸ 工伤职工跨统筹地区就医所发生费用，可先由工伤职工或所在单位垫付（图5-1-12），经社会保险经办机构复核后，按本统筹地区有关规定结算。

图 5-1-12　费用可先由工伤职工或所在单位垫付

5.1.3　工作中受到精神伤害，能否要求工伤赔偿

工作中受到的精神伤害不能要求工伤赔偿（图5-1-13）。按照我国现行法律法规的规定，工伤是指在工作过程中所受的身体伤害，劳动者只有在工作过程中发生身体上的伤害时才能要求工伤赔偿，而对于如劳动者人格尊严和名誉等受到损害的，不能认定为工伤。同时对于劳动者因身体上的伤害而导致的精神上的伤害也仅就该身体伤害做工伤赔偿，而不能将该身体伤害引起的精神伤害作为工伤进行赔偿。在这种情况下，对于所遭受的精神损害，劳动者只能通过其他途径向侵权人要求承担损害赔偿责任。

图 5-1-13　精神伤害不能要求工伤赔偿

5.2　复议和诉讼期间不停止支付医疗费用

社会保险行政部门做出认定为工伤的决定后发生行政复议、行政诉讼的，行政复议和行政诉讼期间不停止支付工伤职工治疗工伤的医疗费用（图5-2-1）。

图 5-2-1　支付工伤职工治疗工伤的医疗费用

5.3 配置辅助器具

❶ 工伤职工因日常生活或者就业需要，经劳动能力鉴定委员会确认，可以安装假肢、矫形器、假眼、假牙和配置轮椅等辅助器具，所需费用按照国家规定的标准从工伤保险基金中支付（图5-3-1）。

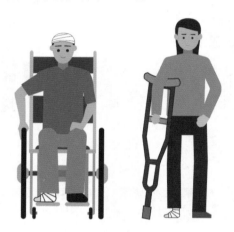

图 5-3-1 配置辅助器具从工伤保险基金中支付

❷ 工伤职工配置辅助器具应当经劳动能力鉴定委员会确认其所需费用才能从工伤保险基金中支付（图5-3-2）。结合本条例规定，社会保险经办机构对辅助器具配置机构以签订服务协议的方式进行管理，引入竞争机制，促使辅助器具配置机构提高服务质量。

劳动能力鉴定

工伤伤残待遇

图 5-3-2 经劳动能力鉴定委员会确认

❸ 工伤职工如需配置辅助器具，应到与社会保险经办机构签订服务协议的机构、按照国家规定的有关标准配置，对于辅助器具配置机构提供的一些不合理的配置应当拒绝，对违反有关标准配置辅助器具的费用，工伤保险基金不予支付（图5-3-3）。

图 5-3-3　工伤保险基金不予支付

5.4 停工留薪期

停工留薪期（图5-4-1），是指职工因工负伤或者患职业病停止工作接受治疗并享受有关待遇的期限。停工留薪期的时间，由已签订服务协议的治疗工伤的医疗机构提出意见，经劳动能力鉴定委员会确认并通知有关单位和工伤职工。

图 5-4-1　停工留薪期

5.5 工伤治疗期间待遇

❶ 职工因工作遭受事故伤害或者患职业病需要暂停工作接受工伤医疗的，在停工留薪期内，原工资福利待遇不变（图5-5-1），由所在单位按月支付。

你这属于工伤，停工留薪期内，原工资福利待遇不变

图 5-5-1　停工留薪期内原工资福利待遇不变

❷ 停工留薪期一般不超过12个月（图5-5-2）。若伤情严重或者情况特殊，经设区的市级劳动能力鉴定委员会确认，可以适当延长，但延长不得超过12个月。工伤职工评定伤残等级后，停发原待遇，按照本章的有关规定享受伤残待遇。工伤职工在停工留薪期满后仍需治疗的，继续享受工伤医疗待遇。

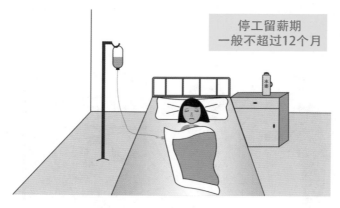

停工留薪期
一般不超过12个月

图 5-5-2　停工留薪期时间

❸ 生活不能自理的工伤职工在停工留薪期需要护理的，由所在单位负责护理（图5-5-3）。

图 5-5-3　生活不能自理的工伤职工

5.6　停工留薪期的待遇

　　职工在停工留薪期内，除享受工伤医疗待遇外，原工资福利待遇不变（图 5-6-1），由所在单位发放，生活不能自理需要护理的，由所在单位负责护理。

停工留薪期原工资福利待遇不变

图 5-6-1　停工留薪期内原工资福利待遇不变

　　这里所称的原待遇是指职工在受伤或被确诊患职业病前，原用人单位发给职工的按照出勤对待的全部工资和福利待遇。工伤职工评定伤残等级（图 5-6-2）后停发原待遇，按照本条例第35条至第37条的规定，享受伤残待遇。

图 5-6-2　工伤职工评定伤残等级

5.7　生活护理费

工伤职工已经评定伤残等级并经劳动能力鉴定委员会确认需要生活护理的（图5-7-1），从工伤保险基金中按月支付生活护理费。

图 5-7-1　需要生活护理的工伤职工

生活护理费按照生活完全不能自理、生活大部分不能自理或者生活部分不能自理三个不同等级支付（图5-7-2），其标准分别为统筹地区上年度职工月平均工资的50%、40%或者30%。

需要注意的是，护理费的计算基数为统筹地区上年度职工月平均工资（图5-7-3），而不是伤残职工本人的工资。

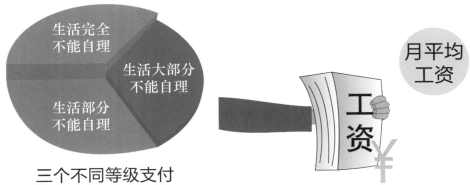

三个不同等级支付

图 5-7-2　生活护理费支付标准　　　　图 5-7-3　统筹地区上年度职工月平均工资

生活自理程度可通过《劳动能力鉴定　职工工伤与职业病致残等级》中规定的生活自理障碍来确定。生活自理障碍指工伤致残者因生活不能自理，需依赖他人护理。生活自理范围主要包括五项：a. 进食；b. 翻身；c. 大、小便；d. 穿衣、洗漱；e. 自主行动。

生活自理障碍程度分三级：

❶ 完全生活自理障碍（图5-7-4），指生活完全不能自理，前述五项均需护理；

图 5-7-4　完全生活自理障碍

❷ 大部分生活自理障碍（图5-7-5），指生活大部分不能自理，前述五项中三项或四项需要护理；

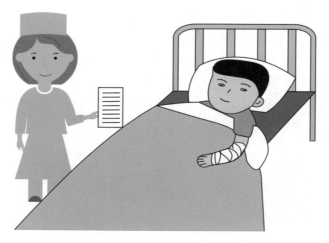

图 5-7-5 大部分生活自理障碍

❸ 部分生活自理障碍，指生活部分不能自理，前述五项中一项或两项需要护理。

5.8 一级至四级工伤待遇

职工因工致残被鉴定为一级至四级伤残的，保留劳动关系，退出工作岗位，享受以下待遇。

❶ 从工伤保险基金中按伤残等级支付一次性伤残补助金（图 5-8-1），标准为：一级伤残为 27 个月的本人工资，二级伤残为 25 个月的本人工资，三级伤残为 23 个月的本人工资，四级伤残为 21 个月的本人工资。

图 5-8-1 一次性伤残补助金

❷ 从工伤保险基金中按月支付伤残津贴（图5-8-2），标准为：一级伤残为本人工资的90%，二级伤残为本人工资的85%，三级伤残为本人工资的80%，四级伤残为本人工资的75%。伤残津贴实际金额低于当地最低工资标准的，由工伤保险基金补足差额。

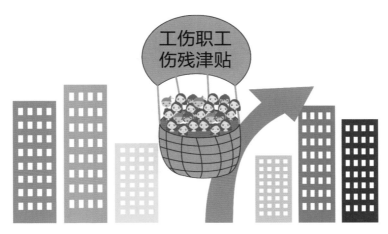

图 5-8-2　伤残津贴

❸ 工伤职工达到退休年龄并办理退休手续后，停发伤残津贴，按照国家有关规定享受基本养老保险待遇（图5-8-3）。基本养老保险待遇低于伤残津贴的，从工伤保险基金中补足差额。

图 5-8-3　基本养老保险

职工因工致残被鉴定为一级至四级伤残的，由用人单位和职工个人以伤残津贴为基数，缴纳基本医疗保险（图5-8-4）。

图 5-8-4　医疗保险

5.8.1　一级至四级伤残职工的伤残待遇

　　职工因工致残被鉴定为一级至四级伤残的，本条例对该部分职工规定了两项待遇，即支付一次性伤残补助金和按月支付伤残津贴（图5-8-5）。

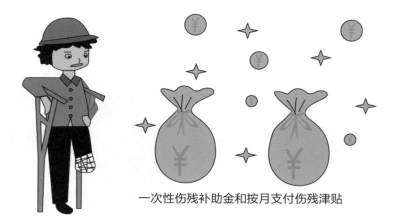

一次性伤残补助金和按月支付伤残津贴

图 5-8-5　一级至四级伤残职工的待遇

　　《人力资源和社会保障部关于执行〈工伤保险条例〉若干问题的意见（二）》规定："一级至四级工伤职工死亡，其近亲属同时符合领取工伤保险丧葬补助金、供养亲属抚恤金待遇和职工基本养老保险丧葬补助金、抚恤金待遇条件的，由其近亲属选择领取工伤保险或职工基本养老保险其中一种"（图5-8-6）。

图 5-8-6 近亲属选择领取工伤保险或职工基本养老保险其中一种

5.8.2 伤残津贴和基本养老保险的关系

基本养老保险，是指法定范围内的人员，按照规定缴纳基本养老保险费达到一定的年限，到达法定退休年龄（图5-8-7），按规定办理退休手续后，享受养老金的一种社会保险制度。

图 5-8-7 到达法定退休年龄

伤残职工办理退休手续后停发伤残津贴，享受基本养老保险。同时，为了保障工伤职工的待遇不因退休而受损失，工伤职工退休后享受的基本养老保险待遇低于伤残津贴的，由工伤保险基金补足差额。

5.8.3 伤残职工的医疗保险

职工因工致残被鉴定为一级至四级伤残的，除非这些职工死亡、已经办理退休手续或者存在《劳动合同法》第39条规定的法定情形，否则用人单位应当与其保留劳动关系，并由用人单位和职工个人以伤残津贴为基数缴纳基本医疗保险（图5-8-8）。

图 5-8-8　缴纳基本医疗保险

5.8.4　工伤致残与劳动合同期满

在本单位患职业病或者因工负伤并被确认丧失或者部分丧失劳动能力的劳动者的劳动合同的终止，要按照国家有关工伤保险的规定执行。也即依据本条，一级至四级伤残职工即便劳动合同期满，用人单位也必须与其保留劳动关系（图5-8-9）。

图 5-8-9　保留劳动关系

5.9　五级至六级工伤待遇

职工因工致残被鉴定为五级、六级伤残的，享受以下待遇。

❶ 从工伤保险基金中按伤残等级支付一次性伤残补助金，标准为：五级伤残为18个月的本人工资，六级伤残为16个月的本人工资（图5-9-1）。

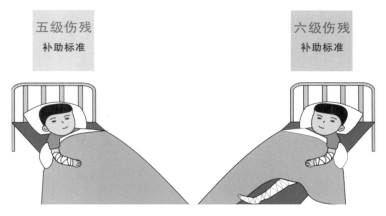

图 5-9-1　五级至六级工伤待遇

❷ 保留与用人单位的劳动关系，由用人单位安排适当工作。难以安排工作的，由用人单位按月发给伤残津贴（图5-9-2），标准为：五级伤残为本人工资的70%，六级伤残为本人工资的60%，并由用人单位按照规定为其缴纳应缴纳的各项社会保险费。伤残津贴实际金额低于当地最低工资标准的，由用人单位补足差额。

图 5-9-2　用人单位按月发给伤残津贴

经工伤职工本人提出，该职工可以与用人单位解除或者终止劳动关系（图5-9-3），从工伤保险基金中支付一次性工伤医疗补助金，由用人单位支付一次性伤残就业补助金。一次性工伤医疗补助金和一次性伤残就业补助金的具体标准由省、自治区、直辖市人民政府规定。

图 5-9-3　与用人单位解除或者终止劳动关系

职工因工伤被鉴定为五级至六级伤残的，用人单位应当与其保留劳动关系，安排适当的工作。难以安排工作的，由用人单位支付伤残津贴。同时，工伤职工本人终止或者解除劳动关系的权利不受限制，经工伤职工本人提出，可以与用人单位解除或者终止劳动关系，但是用人单位应当向职工支付一次性伤残就业补助金。

职工在同一用人单位连续工作期间多次发生工伤的，符合规定领取相关待遇时，按照其在同一用人单位发生工伤的最高伤残级别，计发一次性伤残就业补助金和一次性工伤医疗补助金（图5-9-4）。

图 5-9-4　计发一次性伤残就业补助金和一次性工伤医疗补助金

5.10　七级至十级工伤待遇

职工因工致残被鉴定为七级至十级伤残的，享受以下待遇。

❶ 从工伤保险基金中按伤残等级支付一次性伤残补助金，标准为：七级伤

残为13个月的本人工资，八级伤残为11个月的本人工资，九级伤残为9个月的本人工资，十级伤残为7个月的本人工资（图5-10-1）。

图 5-10-1　七级至十级工伤认定

❷ 劳动、聘用合同期满终止，或者职工本人提出解除劳动、聘用合同的，从工伤保险基金中支付一次性工伤医疗补助金，由用人单位支付一次性伤残就业补助金（图5-10-2）。一次性工伤医疗补助金和一次性伤残就业补助金的具体标准由省、自治区、直辖市人民政府规定。

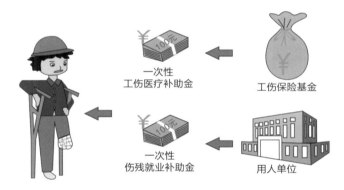

图 5-10-2　支付一次性工伤医疗补助金和一次性伤残就业补助金

对于这部分工伤职工，在劳动合同期满前，除非工伤职工具有《劳动合同法》规定的情形，否则用人单位不得单方与其解除劳动关系，应当与其继续履行原劳动合同，或者视客观情况依法与其变更劳动合同的部分内容，并按照劳动合同的规定支付相应的工资报酬。劳动合同期满或者工伤职工本人提出解除劳动合同的（图5-10-3），用人单位应当向其支付一次性伤残就业补助金。

注意：七级至十级伤残职工不享受伤残津贴，事业单位与工作人员签订的通常为聘用合同。

图 5-10-3   劳动合同期满或工伤职工本人提出解除劳动合同

5.11   旧伤复发待遇

工伤职工旧伤复发，确认需要治疗的（图 5-11-1），享受 5.1 节、5.3 节和 5.4 节规定的工伤待遇。

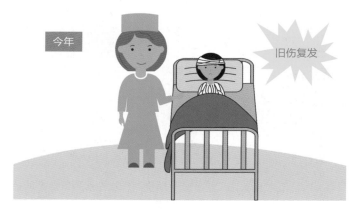

图 5-11-1   旧伤复发需要治疗

5.11.1   工伤职工旧伤复发

工伤职工旧伤复发（图 5-11-2），是指职工因工伤事故或患职业病，经过医疗机构采取必要的诊断治疗，包括病情检查、确诊、药物治疗、手术治疗等医疗措施，确定工伤职工病情痊愈，可以终结医疗，终止停工留薪期，经过劳动能力鉴定委员会确定伤残等级或者正处于劳动能力鉴定过程中，工伤职工原有病情不同程度地重新发作。

图 5-11-2 旧伤复发

5.11.2 工伤职工旧伤复发的待遇

工伤职工旧伤复发，确认需要治疗的，可以按照规定享受工伤医疗待遇；需要暂停工作接受工伤医疗的，可以享受停工留薪期待遇（图 5-11-3）；需要配置辅助器具的，可以按照规定配置，所需费用按照国家规定标准从工伤保险基金中支付。

图 5-11-3 旧伤复发享受停工留薪期待遇

5.12 工亡待遇

职工因工死亡，其近亲属按照下列规定从工伤保险基金中领取丧葬补助金、供养亲属抚恤金和一次性工亡补助金。

❶ 丧葬补助金（图 5-12-1）为 6 个月的统筹地区上年度职工月平均工资。

图 5-12-1　丧葬补助金

❷ 供养亲属抚恤金（图5-12-2）按照职工本人工资的一定比例发给由因工死亡职工生前提供主要生活来源、无劳动能力的亲属。标准为：配偶每月40%，其他亲属每人每月30%，孤寡老人或者孤儿每人每月在上述标准的基础上增加10%。核定的各供养亲属的抚恤金之和不应高于因工死亡职工生前的工资。供养亲属的具体范围由国务院社会保险行政部门规定。

图 5-12-2　供养亲属抚恤金

❸ 一次性工亡补助金（图5-12-3）标准为上一年度全国城镇居民人均可支配收入的20倍。

伤残职工在停工留薪期内因工伤导致死亡的，其近亲属享受上述规定的待遇。

一级至四级伤残职工在停工留薪期满后死亡的，其近亲属可以享受以上第❶项、第❷项规定的待遇。

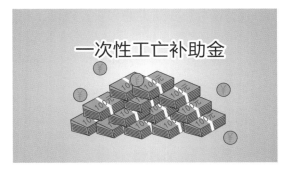

图 5-12-3　一次性工亡补助金

5.12.1　职工因工死亡

职工因工死亡（图5-12-4），主要是指职工因工伤事故、职业中毒直接导致的死亡，经抢救治疗无效后的死亡，以及在停工留薪期内治疗中的死亡。

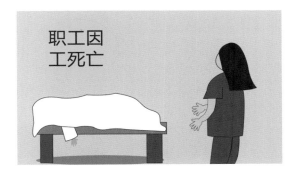

图 5-12-4　职工因工死亡

5.12.2　职工因工死亡的待遇

❶ 丧葬补助金。注意丧葬补助金权利主体（图5-12-5）为死亡职工的近亲属。

图 5-12-5　丧葬补助金权利主体

❷ 供养亲属抚恤金（图5-12-6）。注意该项是按照工亡职工本人生前工资的一定比例计发的，但是在初次核定时，各供养亲属的抚恤金之和不得高于工亡职工的本人工资。在以后调整供养亲属抚恤金时，不受此限制。

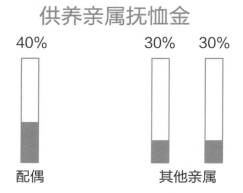

图 5-12-6　供养亲属抚恤金

因工死亡职工供养亲属（图5-12-7），是指该职工的配偶、子女、父母、祖父母、外祖父母、孙子女、外孙子女、兄弟姐妹。子女，包括婚生子女、非婚生子女、养子女和有抚养关系的继子女，其中，婚生子女、非婚生子女包括遗腹子女；父母，包括生父母、养父母和有抚养关系的继父母；兄弟姐妹，包括同父母的兄弟姐妹、同父异母或者同母异父的兄弟姐妹、养兄弟姐妹、有抚养关系的继兄弟姐妹。

上述人员，依靠因工死亡职工生前提供主要生活来源，并有下列情形之一的，可按规定申请供养亲属抚恤金：

❶ 完全丧失劳动能力的（图5-12-8）；

图 5-12-7　因工死亡职工供养亲属

图 5-12-8　完全丧失劳动能力

❷ 工亡职工配偶男年满60周岁、女年满55周岁的；

❸ 工亡职工父母男年满60周岁、女年满55周岁的；

❹ 工亡职工子女未满18周岁的（图5-12-9）；

图 5-12-9　工亡职工子女未满 18 周岁

❺ 工亡职工父母均已死亡，其祖父、外祖父年满60周岁，祖母、外祖母年满55周岁的；

❻ 工亡职工子女已经死亡或完全丧失劳动能力，其孙子女、外孙子女未满18周岁的（图5-12-10）；

图 5-12-10　工亡职工孙子女、外孙子女未满 18 周岁

❼ 工亡职工父母均已死亡或完全丧失劳动能力，其兄弟姐妹未满18周岁的（图5-12-11）。

❽ 一次性工亡补助金（图5-12-12）。当因工死亡的工伤职工有数个近亲属时，应当按照权利义务相对应的原则进行分配，工伤职工生前，对其尽了较多照顾义务的近亲属，如长期与其共同生活的人，应当予以照顾。

未满18周岁

工亡职工兄弟姐妹

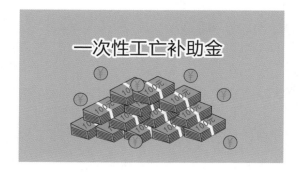

图 5-12-11　工亡职工兄弟姐妹未满 18 周岁

图 5-12-12　一次性工亡补助金

5.12.3　工伤保险待遇，免征个人所得税

　　对工伤职工及其近亲属按照《工伤保险条例》规定取得的工伤保险待遇，免征个人所得税（图5-12-13）。工伤保险待遇，包括一次性伤残补助金、伤残

图 5-12-13　工伤保险待遇免征个人所得税

津贴、一次性工伤医疗补助金、一次性伤残就业补助金、工伤医疗待遇、住院伙食补助费、外地就医交通食宿费用、工伤康复费用、辅助器具费用、生活护理费等，以及职工因工死亡，其近亲属按照《工伤保险条例》规定取得的丧葬补助金、供养亲属抚恤金和一次性工亡补助金等。

5.13 工伤待遇调整

❶ 伤残津贴、供养亲属抚恤金、生活护理费由统筹地区社会保险行政部门根据职工平均工资和生活费用变化等情况适时调整（图5-13-1）。调整办法由省、自治区、直辖市人民政府规定。

图 5-13-1 工伤待遇调整（一）

❷ 伤残津贴、供养亲属抚恤金、生活护理费都不是一次性待遇，而是长期或者持续一定时期的待遇。为了保证这些待遇水平不因物价上涨等因素而降低，让工伤职工和工亡职工的遗属享受社会经济发展的成果，有必要适时进行调整（图5-13-2）。

图 5-13-2 工伤待遇调整（二）

❸ 工伤保险实行属地管理，是一项地域性较强的工作。加上职工工资增长、生活费提高、物价指数变化等不是定期的，各地调整的时间不宜固定，本条例授权由省、自治区、直辖市人民政府规定调整办法（图5-13-3），包括调整的依据、幅度、频率、程序等。

图 5-13-3　由省、自治区、直辖市人民政府规定调整办法

❹ 核定工伤职工工伤保险待遇时，若上一年度相关数据尚未公布，可暂按前一年度的全国城镇居民人均可支配收入、统筹地区职工月平均工资核定和计发，待相关数据公布后再重新核定，社会保险经办机构或者用人单位予以补发差额部分（图5-13-4）。

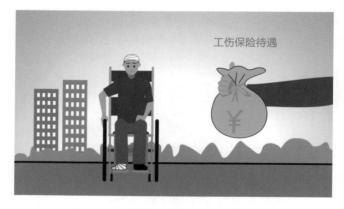

图 5-13-4　核定工伤职工工伤保险待遇

5.14　职工抢险救灾、因工外出下落不明时的处理

职工因工外出期间发生事故或者在抢险救灾中下落不明的，从事故发生当

月起3个月内照发工资，从第4个月起停发工资，由工伤保险基金向其供养亲属按月支付供养亲属抚恤金（图5-14-1）。

图 5-14-1 职工在抢险救灾中下落不明

生活有困难的（图5-14-2），可以预支一次性工亡补助金的50%。职工被人民法院宣告死亡的，按照本条例中职工因工死亡的规定处理。

图 5-14-2 生活有困难

5.14.1 下落不明

下落不明，是指离开最后居住地后没有音讯的状况。应当注意的是，虽然我国有自然人下落不明满2年，利害关系人可以向人民法院申请宣告其失踪的法律规定，但职工外出期间发生事故或者在抢险救灾中下落不明后其供养亲属享受相关待遇并不以是否经过宣告失踪为程序要件，而是从事故发生、职工音讯消失当月起即按规定发放有关待遇（图5-14-3）。

图 5-14-3　职工音讯消失当月起即按规定发放有关待遇

5.14.2　宣告死亡

宣告死亡，是指职工因意外事件下落不明满2年或下落不明满4年，从事件发生之日起，其配偶、父母、子女等利害关系人可以向人民法院申请宣告其死亡的一种法律制度（图5-14-4）。宣告死亡与自然死亡具有同等的法律效力，具体到工伤保险领域，从职工被宣告死亡之日起，该职工的近亲属、供养亲属便可以按照本条例的规定领取丧葬补助金、供养亲属抚恤金和一次性工亡补助金。

图 5-14-4　宣告死亡

当被宣告死亡的职工重新出现或者确知其没有死亡（图5-14-5），经本人或

图 5-14-5　职工重新出现

者利害关系人申请，人民法院应当撤销宣告。按照《中华人民共和国民法典》和有关法律的规定，职工被撤销宣告死亡后，与其有关的利害关系能恢复的应恢复到原来的状态，已领取的工伤待遇退回。

5.15 停止支付工伤保险待遇的情形

工伤职工有下列情形之一的，停止享受工伤保险待遇：

❶ 丧失享受待遇条件的（图5-15-1）；

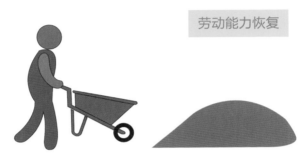

劳动能力恢复

图 5-15-1　劳动能力恢复

❷ 拒不接受劳动能力鉴定的（图5-15-2）；

拒绝

劳动能力鉴定

图 5-15-2　拒不接受劳动能力鉴定

❸ 拒绝治疗的（图5-15-3）。

停止支付工伤保险待遇的，在停止支付待遇的情形消失后，自下月起恢复工伤保险待遇，停止支付的工伤保险待遇不予补发。

停止支付工伤保险待遇主要有以下情形。

图 5-15-3　拒绝治疗

5.15.1　丧失享受待遇条件

在工伤保险待遇期间，如果工伤职工的情况发生变化，例如工伤痊愈的或者工伤职工死亡、失踪、定残改为享受工伤死亡待遇或者按照残疾等级享受工伤致残待遇等情形（图5-15-4），将不再具备享受工伤保险待遇的条件。

图 5-15-4　工伤职工在工伤保险待遇期间死亡

此外，工亡职工的亲属，在某些情形下，也将丧失享受有关待遇的条件，如享受抚恤金的工亡职工的子女达到了一定的年龄或就业后，丧失享受遗属抚恤待遇的条件；亲属死亡的，丧失享受遗属抚恤待遇的条件等。

5.15.2　拒不接受劳动能力鉴定

劳动能力不同程度的丧失，使劳动者可能因此不能从事原本适合的正常职业，甚至造成不能再从事任何工作的结果，也有可能恢复劳动能力继续从事适合他的职业或工作。而这一切都必须通过劳动能力鉴定活动来确定。劳动能力鉴定结论是确定不同程度的补偿、合理调换工作岗位和恢复工作等的科学依据。如果工伤职工没有正当理由，拒不接受劳动能力鉴定（图5-15-5），一方面工伤保险待遇无法确定，另一方面表明这些工伤职工并不愿意接受工伤保险制度提供的帮助，鉴于此，就不应再享受工伤保险待遇。

图 5-15-5　拒不接受劳动能力鉴定

5.15.3　拒绝治疗

　　提供医疗救治，帮助工伤职工恢复劳动能力、重返社会是工伤保险制度的重要目的之一，因而职工遭受工伤事故或患职业病后，有享受工伤医疗待遇的权利，也有积极配合医疗救治的义务。如果无正当理由拒绝治疗（图5-15-6），就有悖于本条例关于促进职业康复的宗旨。

图 5-15-6　拒绝治疗

5.16　用人单位分立合并等情况下的责任

　　❶ 用人单位分立、合并、转让的（图5-16-1），承继单位应当承担原用人单位的工伤保险责任；原用人单位已经参加工伤保险的，承继单位应当到当地经办机构办理工伤保险变更登记。

用人单位分立、合并、转让

图 5-16-1　用人单位分立、合并、转让

❷ 用人单位实行承包经营的（图5-16-2），工伤保险责任由职工劳动关系所在单位承担。

用人单位　　　　　　　　　　个人承包经营者

劳动者　　　　　　　　　　　发包组织

图 5-16-2　用人单位实行承包经营

❸ 职工被借调期间受到工伤事故伤害的（图5-16-3），由原用人单位承担工伤保险责任，但原用人单位与借调单位可以约定补偿办法。

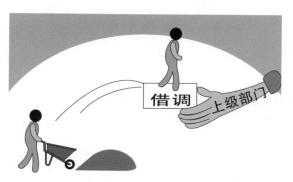

借调　上级部门

图 5-16-3　职工被借调期间受到工伤事故伤害

④ 企业破产的（图5-16-4），在破产清算时依法拨付应当由单位支付的工伤保险待遇费用。

图 5-16-4　企业破产

5.16.1　单位分立、合并

❶ 分立、合并，是用人单位组织机构上发生的变更。

❷ 用人单位的分立，是指一个单位分成两个或两个以上单位（图5-16-5）。

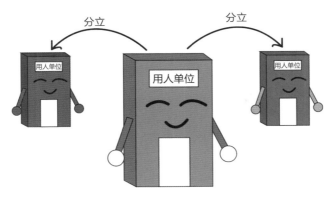

图 5-16-5　用人单位的分立

❸ 合并是指两个或两个以上的单位联合组成一个单位或一个单位兼并另一个或一个以上单位（图5-16-6）。

❹ 用人单位发生分立、合并需解决各种问题，其中必须妥善解决职工的工伤保险权益的维护问题。换言之，要顺利实现用人单位的分立、合并，妥善安置好劳动者，维护好职工的工伤保险权益，是一个重要的条件。

❺ 用人单位分立、合并、转让的，承继单位应当承担原用人单位的工伤保险责任；原用人单位已经参加工伤保险的，承继单位应当到当地经办机构办理工伤保险变更登记。用人单位分立、合并时，应当依据规定就原单位职工工伤

保险的承担问题达成协议，承担或分别承担原单位的工伤保险责任，而不能将劳动者一味地推向社会，影响社会稳定。

图 5-16-6　用人单位合并

5.16.2　单位承包经营下的工伤保险责任

❶ 承包经营是企业改革过程中出现的一种经营方式，是在坚持企业所有制不变的基础上，按照所有权与经营权相分离的原则，以承包经营合同形式，确定所有者与企业的责权利关系，促使企业做到自主经营、自负盈亏的经营管理制度（图 5-16-7）。

图 5-16-7　单位承包经营

❷ 在本企业内部职工承包的情况下，职工的劳动关系在本企业是清楚的（图 5-16-8），对职工的工伤保险责任应由本企业来承担；在外部承包的情况下，职工的劳动关系有可能不在本企业，而在中标的经营集团或企业法人，那么，对职工的工伤保险责任就由中标的经营集团或企业法人承担。

图 5-16-8　职工的劳动关系

❸ 具备用工主体资格的承包单位违反法律、法规规定，将承包业务转包、分包给不具备用工主体资格的组织或者自然人，该组织或者自然人招用的劳动者从事承包业务时因工伤亡的，由该具备用工主体资格的承包单位承担用人单位依法应承担的工伤保险责任。

5.16.3　职工借调情形下的工伤保险责任

职工被借调，由原用人单位承担工伤保险责任，但原用人单位可以在借调前或事后与借入单位就相应补偿达成协议，当原用人单位承担被借调职工的工伤保险责任后，可以按照协议要求借入单位给予补偿（图5-16-9）。

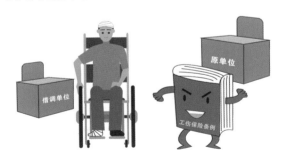

图 5-16-9　职工借调情形下的工伤

5.16.4　企业破产

破产，是指企业法人不能清偿到期债务，在法定情形下依照《企业破产法》和其他相关的法律规定宣告其破产，将其所有的财产按法定清偿顺序公平地偿还给所有债权人的一种法律制度。这里的"破产企业"，包括已参加工伤保险和未参加工伤保险的破产企业（图5-16-10）。

图 5-16-10　企业破产

破产财产在优先清偿破产费用和共益债务后，依照下列顺序清偿：

❶ 破产人所欠职工的工资和医疗、伤残补助、抚恤费用，所欠的应当划入职工个人账户的基本养老保险、基本医疗保险费用，以及法律、行政法规规定应当支付给职工的补偿金（图5-16-11）；

图 5-16-11　补偿金

❷ 破产人欠缴的除前述以外的社会保险费用和破产人所欠税款（图5-16-12）；

图 5-16-12　缴纳所欠税款

❸ 普通破产债权。

破产财产不足以清偿同一顺序的清偿要求的，按照比例分配。

5.17 派遣出境期间的工伤保险关系

职工被派遣出境工作，依据前往国家或者地区的法律应当参加当地工伤保险的，参加当地工伤保险，其国内工伤保险关系中止；不能参加当地工伤保险的，其国内工伤保险关系不中止（图5-17-1）。

图 5-17-1　购买工伤保险

目前国际上工伤保险没有互免协议。一些国家法律规定，前往该国工作或在该国停留期间，必须依据该国的法律参加工伤保险或购买意外伤害保险。国内的工伤保险与境外的工伤保险在保障的性质和作用方面大体相同，但在保险项目、保险额度、支付方式上存在差异。从保障与管理的角度出发，本条规定，职工被派遣出境工作，依据前往国家或者地区的法律应当参加当地工伤保险的，参加当地工伤保险，其国内工伤保险关系中止，待回国后工伤保险关系接续；对于在境外不能参加工伤保险的，其国内工伤保险关系不中止，继续按照国内工伤保险法律规定执行，包括工伤保险费的缴纳、工伤认定与评残、待遇的发放等（图5-17-2）。

图 5-17-2　工伤保险对职工的保障

5.18　工伤职工再次发生工伤及其待遇

工伤职工再次发生工伤（图5-18-1），根据规定应当享受伤残津贴的，按照新认定的伤残等级享受伤残津贴待遇。

图 5-18-1　工伤职工再次发生工伤

5.18.1　工伤职工再次发生工伤

工伤职工再次发生工伤，与工伤职工工伤复发不同，它是指工伤职工遭受两次或两次以上的工伤事故或患职业病，在前次工伤事故造成的病情经治疗并经劳动能力鉴定确定伤残等级后，再次遭受工伤事故或患职业病，后者可能产生新病情，也可能加剧工伤职工的原病情。

5.18.2　工伤职工再次发生工伤的待遇

再次发生工伤的职工在治疗后，需经劳动能力鉴定委员会重新评定伤残等级。如果被重新确定等级，根据规定应当享受伤残待遇的，就要按照新认定的伤残等级享受相应的伤残津贴待遇（图5-18-2）。

扫一扫

看动画视频

图 5-18-2　享受相应的伤残津贴待遇

第6章
监督管理与争议处理

6.1 经办机构职责范围

经办机构具体承办工伤保险事务，履行下列职责：

❶ 根据省、自治区、直辖市人民政府规定，征收工伤保险费（图6-1-1）；

图 6-1-1 征收工伤保险费

❷ 核查用人单位的工资总额（图6-1-2）和职工人数（图6-1-3），办理工伤保险登记，并负责保存用人单位缴费和职工享受工伤保险待遇情况的记录；

图 6-1-2 核查用人单位的工资总额

❸ 进行工伤保险的调查、统计（图6-1-4）；

图 6-1-3 核查用人单位的职工人数

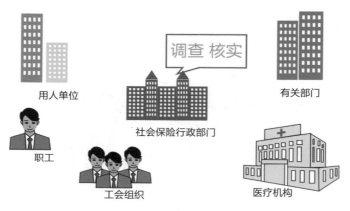

图 6-1-4 进行工伤保险的调查、统计

❹ 按照规定管理工伤保险基金的支出（图6-1-5）；

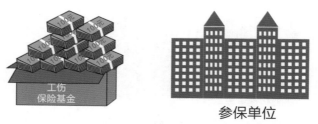

工伤保险基金是参保单位依法缴纳的社会保险基金

图 6-1-5 管理工伤保险基金的支出

❺ 按照规定核定工伤保险待遇（图6-1-6）；

❻ 为工伤职工或者其近亲属免费提供咨询服务（图6-1-7）。

图 6-1-6 核定工伤保险待遇

图 6-1-7 免费提供咨询服务

6.2 服务协议

　　经办机构与医疗机构、辅助器具配置机构在平等协商的基础上签订服务协议（图6-2-1），并公布签订服务协议的医疗机构、辅助器具配置机构的名单。具体办法由国务院社会保险行政部门分别会同国务院卫生行政部门、民政部门等部门制定。

　　这里的"服务协议"，是指社会保险经办机构与医疗机构、辅助器具配置机构就有关工伤患者就诊、用药、辅助器具管理费用给付、争议处理办法等事项，经过平等协商所达成的权利和义务协议（图6-2-2）。

图 6-2-1 签订服务协议

社会保险经办机构

医疗机构

辅助器具配置机构

图 6-2-2　服务协议

6.3　工伤保险费用的核查、结算

经办机构按照协议和国家有关目录、标准对工伤职工医疗费用、康复费用、辅助器具费用的使用情况进行核查（图6-3-1），并按时足额结算费用。

图 6-3-1　经办机构进行核查

6.4　公布基金收支情况、费率调整建议

经办机构应当定期公布工伤保险基金的收支情况，及时向社会保险行政部门提出调整费率的建议（图6-4-1）。

图 6-4-1　及时向社会保险行政部门提出调整费率的建议

6.5　听取社会意见

社会保险行政部门、经办机构应当定期听取工伤职工、医疗机构、辅助器具配置机构以及社会各界对改进工伤保险工作的意见（图6-5-1）。

图 6-5-1　听取社会意见

6.6　对工伤保险基金的监督

社会保险行政部门依法对工伤保险费的征缴和工伤保险基金的支付情况进行监督检查（图6-6-1）。

财政部门和审计机关依法对工伤保险基金的收支、管理情况进行监督（图6-6-2）。

图 6-6-1　社会保险行政部门监督检查

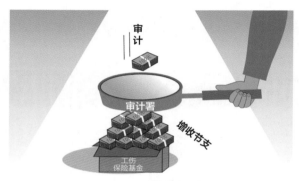

图 6-6-2　财政部门和审计机关依法进行监督

6.7　群众监督

任何组织和个人对有关工伤保险的违法行为都有权举报（图6-7-1）。

图 6-7-1　举报工伤保险的违法行为

社会保险行政部门对举报应当及时调查，按照规定处理，并为举报人保密（图6-7-2）。

图 6-7-2　为举报人保密

6.8　工会监督

❶ 工会组织依法维护工伤职工的合法权益，对用人单位的工伤保险工作实行监督（图6-8-1）。

图 6-8-1　工会组织依法对用人单位的工伤保险工作实行监督

❷ 工会是职工自愿结合的工人阶级的群众组织（图6-8-2）。按照我国《工会法》第26条的规定，职工因工伤亡事故和其他严重危害职工健康问题的调查处理，必须有工会参加。

❸ 工会应当向有关部门提出处理意见（图6-8-3），并有权要求追究直接负责的主管人员和有关责任人员的责任。对工会提出的意见，应当及时研究，给予答复。

图 6-8-2 工会组织

图 6-8-3 工会向有关部门提出处理意见

6.9 工伤待遇争议处理

职工与用人单位发生工伤待遇方面的争议，按照处理劳动争议的有关规定处理（图6-9-1）。

图 6-9-1 工伤待遇争议处理

6.9.1　劳动争议

　　劳动争议，是指用人单位与职工之间因劳动权利和劳动义务所发生的争议（图6-9-2）。劳动争议的主体是劳动关系双方当事人，即一方是用人单位，另一方是与用人单位建立劳动关系的劳动者。劳动争议所指的对象是当事人一方对另一方的行为是否符合法律法规以及劳动合同、集体合同的规定而提出异议。

图 6-9-2　劳动争议

6.9.2　职工与用人单位之间发生的工伤待遇方面的争议

　　职工与用人单位之间发生的工伤待遇方面的争议，是指因用人单位是否按照本条例规定的待遇项目和标准，向职工发放工伤待遇而发生的争议（图6-9-3）。

图 6-9-3　职工与用人单位之间发生的工伤待遇方面的争议

　　例如，已参加工伤保险的用人单位或应按照规定参加工伤保险而未参加工伤保险的用人单位，没有按照规定向工伤职工提供待遇（图6-9-4），工伤职工提出异议而产生的争议。或者工伤职工与用人单位就应该执行本条例规定的哪项待遇和标准产生的争议。

　　职工与用人单位之间发生的工伤待遇方面的争议在性质上属于劳动争议。

图 6-9-4 没有按照规定向工伤职工提供待遇

6.9.3 职工与用人单位发生工伤待遇方面争议的解决途径

根据《中华人民共和国劳动法》及《劳动争议调解仲裁法》有关劳动争议处理的规定，职工与用人单位发生工伤待遇方面的争议后，双方可以协商解决（图6-9-5）。

图 6-9-5 双方协商解决

不愿协商或者协商不成的，可以向调解组织申请调解（图6-9-6）；调解不成的或达成调解协议后不履行的，可以向劳动争议仲裁委员会申请仲裁，当事人也可以直接向劳动争议仲裁委员会申请仲裁（图6-9-7）。

图 6-9-6 向劳动争议调解组织申请调解

图 6-9-7　向劳动争议仲裁委员会申请仲裁

对仲裁裁决不服的，可以向人民法院起诉（图6-9-8）。

图 6-9-8　向人民法院起诉

注意：

❶ 当事人双方自行协商（图6-9-9）不是处理劳动争议的必经程序，双方当事人可以自愿进行协商，但是任何一方或者他人都不能强迫进行协商；

❷ 调解也并非是解决劳动争议的必经途径，当事人可以不向调解组织申请调解而直接申请劳动争议仲裁（图6-9-10）。

调解组织进行的调解是群众性调解，完全依靠争议当事人双方的自觉、自愿达成协议（图6-9-11），双方达成的协议也要靠当事人的自我约束来履行，不能强制执行。当事人反悔的，可以向劳动争议仲裁委员会申请仲裁解决。

❸ 劳动争议仲裁委员会的裁决在现阶段是当事人向人民法院提起诉讼解决劳动争议前的一个必经程序（申请支付令的特殊情形除外），其生效裁决具有国家强制力（图6-9-12）。

双方自行协商

图 6-9-9　双方自行协商

图 6-9-10　申请劳动争议仲裁

图 6-9-11　双方自觉、自愿达成协议

图 6-9-12　劳动争议仲裁委员会的裁决具有国家强制力

　　职工与用人单位发生工伤待遇方面的争议后，提出仲裁要求的一方，应当自知道或者应当知道其权利被侵害之日起一年内向劳动争议仲裁委员会提出书

面申请（图6-9-13）。仲裁裁决一般应在收到仲裁申请的45日内做出，复杂的不超过60日。当事人对发生法律效力的仲裁裁决无异议的，必须履行。一方当事人无异议又逾期不履行的，另一方当事人可以申请人民法院强制执行。

职工

直接申请仲裁

劳动争议仲裁委员会

用人单位

图 6-9-13　权利被侵害之日起一年内向劳动争议仲裁委员会提出书面申请

❹ 诉讼是解决劳动争议的最终途径，一裁终局除外。职工或用人单位对仲裁裁决不服的，自收到裁决书之日起15日内可以向人民法院提起诉讼，人民法院应当受理，审理并做出裁判。人民法院的审理包括一审、二审程序，最终的生效判决标志着这一劳动争议案件的最终解决（图6-9-14）。

胜诉

法庭

用人单位

图 6-9-14　人民法院的判决

6.10　其他工伤保险争议处理

有下列情形之一的，有关单位或者个人可以依法申请行政复议，也可以依法向人民法院提起行政诉讼：

❶ 申请工伤认定的职工或者其近亲属、该职工所在单位对工伤认定申请不予受理的决定不服的（图6-10-1）；

② 申请工伤认定的职工或者其近亲属、该职工所在单位对工伤认定结论不服的（图6-10-2）；

图 6-10-1　对工伤认定申请不予受理的决定不服

图 6-10-2　职工所在单位对工伤认定结论不服

③ 用人单位对经办机构确定的单位缴费费率不服的（图6-10-3）；

图 6-10-3　对经办机构确定的单位缴费费率不服

④ 签订服务协议的医疗机构、辅助器具配置机构认为经办机构未履行有关协议或者规定的（图6-10-4）；

图 6-10-4　经办机构未履行有关协议或者规定

❺ 工伤职工或者其近亲属对经办机构核定的工伤保险待遇有异议的（图6-10-5）。

图 6-10-5 对经办机构核定的工伤保险待遇有异议

6.10.1 行政复议

行政复议，是指依照《行政复议法》的规定，公民、法人或者其他组织认为具体行政行为侵犯其合法权益，向行政机关提出行政复议申请，行政机关受理后做出行政复议决定的法律制度。

图 6-10-6 行政复议

6.10.2 行政诉讼

行政诉讼（图6-10-7），是指依照《行政诉讼法》的规定，公民、法人或者其他组织认为行政机关和行政机关工作人员的行政行为侵犯其合法权益，向人民法院起诉，人民法院对被诉行为进行审查并依法裁决的法律制度。行政行为包括法律、法规、规章授权的组织做出的行政行为。

图 6-10-7　行政诉讼

6.10.3　工伤行政复议和行政诉讼的主体及期限

❶ 申请工伤认定并对认定结论不服的职工或者其近亲属、该职工所在单位；对缴费费率不服的单位；认为经办机构未履行服务协议或者规定的医疗机构、辅助器具配置机构；对经办机构核定的工伤保险待遇有异议的工伤职工或者其近亲属，都可以作为行政复议的申请人和行政诉讼的原告（图6-10-8）。做出有关决定或者核定的社会保险行政部门或者社会保险经办机构，则成为行政复议的被申请人和行政诉讼的被告。

图 6-10-8　行政复议的申请人和行政诉讼的原告

❷ 根据《行政复议法》的规定，公民、法人或者其他组织对社会保险行政部门具体行政行为不服的，可以向本级人民政府或者上一级社会保险行政部门申请行政复议（图6-10-9）。

❸ 根据《行政复议法》的规定，公民、法人或者其他组织对社会保险经办机构的具体行政行为不服的，可以向主管该经办机构的社会保险行政部门申请行政复议（图6-10-10）。

图 6-10-9 向本级人民政府申请行政复议

图 6-10-10 向主管该经办机构的社会保险行政部门申请行政复议

❹ 根据《行政诉讼法》规定，行政案件由最初做出行政行为的行政机关所在地人民法院管辖。经复议的案件，也可以由复议机关所在地人民法院管辖（图 6-10-11）。

图 6-10-11 由复议机关所在地人民法院管辖

❺ 根据《行政复议法》的规定，公民、法人或者其他组织认为具体行政行

为侵犯其合法权益的，可以自知道该具体行政行为之日起60日内提出行政复议申请（图6-10-12）；但是法律规定的申请期限超过60日的除外。因不可抗力或者其他正当理由耽误法定申请期限的，申请期限自障碍消除之日起继续计算。

图 6-10-12 60 日内提出行政复议申请

⑥ 根据《行政诉讼法》的规定，公民、法人或者其他组织不服复议决定的，可以在收到复议决定书之日起15日内向人民法院提起诉讼（图6-10-13）。复议机关逾期不做决定的，申请人可以在复议期满之日起15日内向人民法院提起诉讼。法律另有规定的除外。

注意：这里规定的行政复议不是行政诉讼的前置条件。有关单位和个人就有了两种不同的选择：一种选择是申请行政复议，对复议决定不服的，可以再向人民法院提起行政诉讼；另一种选择是直接向人民法院提起行政诉讼。

图 6-10-13 15 日内向人民法院提起诉讼

扫一扫

看动画视频

第7章
机构、组织、用人单位及个人的法律责任

7.1　挪用工伤保险基金的责任

❶ 单位或者个人违反本条例第十二条规定挪用工伤保险基金，构成犯罪的，依法追究刑事责任（图 7-1-1 ）。

图 7-1-1　依法追究刑事责任

❷ 尚不构成犯罪的，依法给予处分或者纪律处分（图 7-1-2 ）。

图 7-1-2　依法给予处分或者纪律处分

❸ 被挪用的基金由社会保险行政部门追回，并入工伤保险基金；没收的违法所得依法上缴国库（图 7-1-3）。

图 7-1-3　没收的违法所得依法上缴国库

7.2　社会保险行政部门工作人员违法违纪责任

社会保险行政部门工作人员有下列情形之一的，依法给予处分；情节严重，构成犯罪的，依法追究刑事责任：

❶ 无正当理由不受理工伤认定申请，或者弄虚作假将不符合工伤条件的人员认定为工伤职工的（图 7-2-1 和图 7-2-2）；

图 7-2-1　无正当理由不受理工伤认定申请

❷ 未妥善保管申请工伤认定的证据材料，致使有关证据丢失的（图 7-2-3）；

❸ 收受当事人财物的（图 7-2-4）。

图 7-2-2　弄虚作假将不符合工伤条件的人员认定为工伤职工

图 7-2-3　证据材料丢失

图 7-2-4　收受当事人财物

7.3　经办机构违规的责任

　　经办机构有下列行为之一的，由社会保险行政部门责令改正，对直接负责的主管人员和其他责任人员依法给予纪律处分（图 7-3-1）；情节严重，构成犯罪的，依法追究刑事责任（图7-3-2）；造成当事人经济损失的，由经办机构依法承担赔偿责任。

图 7-3-1　依法给予纪律处分

图 7-3-2　依法追究刑事责任

❶ 未按规定保存用人单位缴费和职工享受工伤保险待遇情况记录的（图7-3-3）；

图 7-3-3　未按规定保存用人单位缴费记录

❷ 不按规定核定工伤保险待遇的（图7-3-4）；

❸ 收受当事人财物的（图7-3-5）。

图 7-3-4　不按规定核定工伤保险待遇

图 7-3-5　收受当事人财物

7.4　医疗机构、辅助器具配置机构、经办机构间的关系

医疗机构、辅助器具配置机构不按服务协议提供服务的，经办机构可以解除服务协议（图7-4-1）。

图 7-4-1　解除服务协议

经办机构不按时足额结算费用的，由社会保险行政部门责令改正（图7-4-2）；医疗机构、辅助器具配置机构可以解除服务协议。

注意经办机构与医疗机构等签订的服务协议既具有行政合同的特征，在一些方面也具有民事合同的特征，如：

❶ 经办机构与医疗机构签订服务协议不需要事先经过行政机关的审批，而

是通过市场机制，双方在平等协商的基础上签订（图7-4-3）；

图 7-4-2　社会保险行政部门责令改正

图 7-4-3　双方在平等协商的基础上签订服务协议

❷ 经办机构要公布签订服务协议的医疗机构的名单（图7-4-4），这样规定是为了保证医疗服务市场的公平竞争；

图 7-4-4　公布签订服务协议的医疗机构的名单

❸ 双方权利义务关系对等。

a. 医疗机构等不按服务协议提供服务的，经办机构可以解除服务协议（图 7-4-5）。

b. 经办机构不按时足额结算费用的，由社会保险行政部门责令改正，医疗机构等也可以解除服务协议（图 7-4-6）。

图 7-4-5　经办机构解除服务协议

图 7-4-6　医疗机构解除服务协议

❹ 根据本条例第 55 条第 4 项的规定，签订服务协议的医疗机构、辅助器具配置机构认为经办机构未履行有关协议或者规定的，可依法申请行政复议，或提起行政诉讼（图 7-4-7）。

图 7-4-7　提起行政诉讼

7.5　对骗取工伤保险待遇的处罚

❶ 用人单位、工伤职工或者其近亲属骗取工伤保险待遇（图 7-5-1），处骗取金额 2 倍以上 5 倍以下的罚款。

图 7-5-1　骗取工伤保险待遇

❷ 医疗机构、辅助器具配置机构骗取工伤保险基金支出的（图 7-5-2），由社会保险行政部门责令退还，处骗取金额 2 倍以上 5 倍以下的罚款。

图 7-5-2　医疗机构骗取工伤保险基金支出

❸ 情节严重，构成犯罪的，依法追究刑事责任（图 7-5-3）。

图 7-5-3　依法追究刑事责任

7.6　鉴定组织与个人违规的责任

从事劳动能力鉴定的组织或者个人有下列情形之一的，由社会保险行政部门责令改正，处2000元以上1万元以下的罚款；情节严重，构成犯罪的，依法追究刑事责任：

❶ 提供虚假鉴定意见的（图7-6-1）；

图 7-6-1　提供虚假鉴定意见

❷ 提供虚假诊断证明的（图7-6-2）；

图 7-6-2　提供虚假诊断证明

❸ 收受当事人财物的（图7-6-3）。

图 7-6-3 收受当事人财物

7.7 未按规定参保的情形

❶ 用人单位依照本条例规定应当参加工伤保险而未参加的，由社会保险行政部门责令限期参加，补缴应当缴纳的工伤保险费（图 7-7-1），并自欠缴之日起，按日加收万分之五的滞纳金；逾期仍不缴纳的，处欠缴数额 1 倍以上 3 倍以下的罚款。

图 7-7-1 补缴应当缴纳的工伤保险费

❷ 依照本条例规定应当参加工伤保险而未参加工伤保险的用人单位职工发生工伤的，由该用人单位按照本条例规定的工伤保险待遇项目和标准支付费用（图 7-7-2）。

❸ 用人单位参加工伤保险并补缴应当缴纳的工伤保险费、滞纳金后，由工伤保险基金和用人单位依照本条例的规定支付新发生的费用（图 7-7-3）。

《人力资源和社会保障部关于执行〈工伤保险条例〉若干问题的意见（二）》规定：《工伤保险条例》规定的"新发生的费用"，是指用人单位参加工伤保险前发生工伤的职工，在参加工伤保险后新发生的费用（图 7-7-4）。其中由工伤保险基金支付的费用，按不同情况予以处理。

图 7-7-2　用人单位按工伤保险待遇项目和标准支付费用

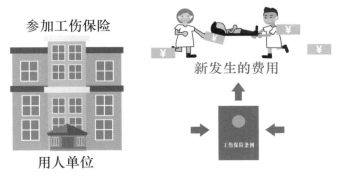

图 7-7-3　由工伤保险基金和用人单位依照本条例的规定支付新发生的费用

图 7-7-4　在参加工伤保险后新发生的费用

❶ 因工受伤的，支付参保后新发生的工伤医疗费、工伤康复费、住院伙食补助费、统筹地区以外就医交通食宿费、辅助器具配置费、生活护理费、一级至四级伤残职工伤残津贴，以及参保后解除劳动合同时的一次性工伤医疗补助金（图7-7-5）。

图 7-7-5　工伤保险待遇

❷ 因工死亡的，支付参保后新发生的符合条件的供养亲属抚恤金（图7-7-6）。

图 7-7-6　供养亲属抚恤金

7.8　用人单位不协助调查的责任

　　用人单位违反本条例第十九条的规定，拒不协助社会保险行政部门对事故进行调查核实的，由社会保险行政部门责令改正，处2000元以上2万元以下的罚款。

扫一扫

看动画视频

第8章
特殊情况下的工伤保险规定

8.1 相关名词解释

❶ 本条例所称工资总额，是指用人单位直接支付给本单位全部职工的劳动报酬总额（图8-1-1）。

❷ 本条例所称本人工资，是指工伤职工因工作遭受事故伤害或者患职业病前12个月平均月缴费工资（图8-1-2）。

图 8-1-1　职工的劳动报酬总额

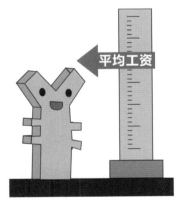

图 8-1-2　本人前 12 个月平均月缴费工资

❸ 本人工资高于统筹地区职工平均工资300%的（图8-1-3），按照统筹地区职工平均工资的300%计算。

❹ 本人工资低于统筹地区职工平均工资60%的（图8-1-4），按照统筹地区职工平均工资的60%计算。

图 8-1-3　本人工资高于统筹地区职工平均工资 300%

8.1.1　工资总额

　　本条例所称的工资总额，是指用人单位直接支付给本单位全部职工的劳动报酬总额。需要强调两点：

　　一是支付的对象是全部职工（图8-1-5），包括进城务工人员、临时工等各种用工形式、各种用工期限的所有劳动者，而不限于单位职工花名册的在册职工；

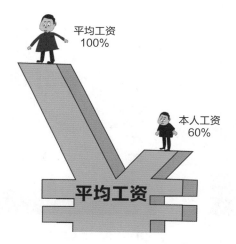

图 8-1-4　本人工资高于统筹地区职工平均工资 60%　　　图 8-1-5　全部职工

　　二是工资的构成是劳动报酬总额，包括工资、津贴、奖金等多项收入，而不限于岗位工资或者是基本工资（图8-1-6）。

　　但是，劳动者的以下收入不属于工资范围：

　　❶ 单位支付给劳动者个人的社会保险福利费用，如丧葬抚恤金（图8-1-7）、生活困难补助费（图8-1-8）、计划生育补贴（图8-1-9）等；

图 8-1-6　工资的构成

图 8-1-7　丧葬抚恤金

图 8-1-8　生活困难补助费

图 8-1-9　计划生育补贴

❷ 劳动保护方面的费用，如用人单位支付给劳动者的工作服费用（图8-1-10）、解毒剂费用（8-1-11）、清凉饮料费用（图8-1-12）等；

图 8-1-10　劳动者的工作服费用

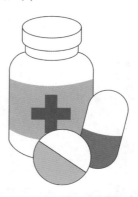

图 8-1-11　解毒剂费用

图 8-1-12　清凉饮料费用

❸ 按规定未列入工资总额的各种劳动报酬及其他劳动收入，如根据国家规定发放的创造发明奖（图8-1-13）、国家星火奖（图8-1-14）、自然科学奖、科学进步奖、合理化建议奖（图8-1-15）和技术改进奖（图8-1-16）、中华技能大奖（图8-1-17），以及稿费（图8-1-18）、讲课费（图8-1-19）、翻译费（图8-1-20）等。

图 8-1-13　创造发明奖

图 8-1-14　国家星火奖

图 8-1-15 合理化建议奖

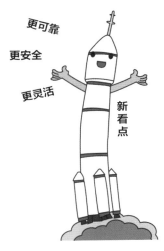

图 8-1-16 技术改进奖

图 8-1-17 中华技能大奖

图 8-1-18 稿费

图 8-1-19 讲课费

图 8-1-20　翻译费

8.1.2　本人工资中的缴费工资低于实际本人工资时的规定

用人单位应按本单位职工工资总额乘以单位缴费费率之积缴纳工伤保险费。如果单位依法缴纳工伤保险费，那么职工的缴费工资应该与其实际工资一致（图 8-1-21）。在计算保险待遇时所谓的缴费工资与实际工资应该是一致的。但是由于有些企业为了少缴保险费，在缴纳保险费时没有如实申报其工资总额。

图 8-1-21　职工的缴费工资与实际工资一致

如果职工在享受工伤待遇时对此不服，可以先按缴费工资申请工伤待遇，因此得到的待遇与按实际工资应得的工伤待遇的差额部分，可要求由企业承担，此权利可通过劳动仲裁（图 8-1-22）、诉讼的程序实现。

图 8-1-22　劳动仲裁

8.2　公务员等的工伤保险

公务员和参照《中华人民共和国公务员法》管理的事业单位、社会团体的工作人员因工作遭受事故伤害或者患职业病的，由所在单位支付费用（图8-2-1）。

图 8-2-1　所在单位支付费用

具体办法由国务院社会保险行政部门会同国务院财政部门规定（图8-2-2）。

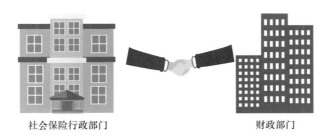

社会保险行政部门　　　　　　　财政部门

图 8-2-2　由国务院社会保险行政部门会同国务院财政部门规定

8.3　非法经营单位工伤一次性赔偿及争议处理

❶ 无营业执照或者未经依法登记、备案的单位以及被依法吊销营业执照（图8-3-1）或者撤销登记、备案的单位的职工受到事故伤害或者患职业病的，由该单位向伤残职工或者死亡职工的近亲属给予一次性赔偿（图8-3-2），赔偿标准不得低于本条例规定的工伤保险待遇。

❷ 用人单位不得使用童工（图8-3-3），用人单位使用童工造成童工伤残（图8-3-4）、死亡的，由该单位向童工或者童工的近亲属给予一次性赔偿，赔偿标准不得低于本条例规定的工伤保险待遇。具体办法由国务院社会保险行政部门规定。

图 8-3-1　被依法吊销营业执照的公司

图 8-3-2　由该单位向伤残职工或者死亡职
工的近亲属给予一次性赔偿

图 8-3-3　用人单位不得使用童工

图 8-3-4　用人单位使用童工造成童工伤残

以上规定的伤残职工或者死亡职工的近亲属就赔偿数额与单位发生争议的，

以及童工或者童工的近亲属就赔偿数额与单位发生争议的，按照处理劳动争议的有关规定处理（图8-3-5）。

图 8-3-5　劳动仲裁

8.3.1　一次性赔偿金支付标准

一次性赔偿金（图8-3-6）按以下标准支付：一级伤残的为赔偿基数的16倍，二级伤残的为赔偿基数的14倍，三级伤残的为赔偿基数的12倍，四级伤残的为赔偿基数的10倍，五级伤残的为赔偿基数的8倍，六级伤残的为赔偿基数的6倍，七级伤残的为赔偿基数的4倍，八级伤残的为赔偿基数的3倍，九级伤残的为赔偿基数的2倍，十级伤残的为赔偿基数的1倍（图8-3-7）。

图 8-3-6　一次性赔偿金

赔偿基数，是指单位所在工伤保险统筹地区上一年度职工年平均工资（图8-3-8）。

受到事故伤害或患职业病造成死亡的，按照上一年度全国城镇居民人均可支配收入的20倍支付一次性赔偿金（图8-3-9）。

一至十级伤残

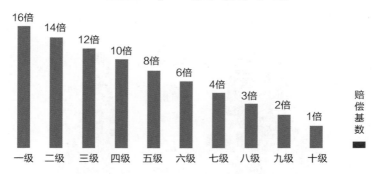

图 8-3-7　一次性赔偿金支付标准

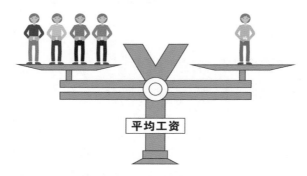

图 8-3-8　上一年度职工年平均工资

人均可支配收入的20倍支付一次性赔偿金

图 8-3-9　一次性赔偿金

8.3.2　童工

童工是指未满16周岁的未成年人（图8-3-10）。国家机关、社会团体、企业事业单位、民办非企业单位或者个体工商户均不得招用童工。

允许招用未满16周岁的未成年人的单位主要是文艺（图8-3-11）、体育（图8-3-12）和特种工艺（图8-3-13）单位。

图 8-3-10　未满 16 周岁的未成年人

图 8-3-11　文艺工作

图 8-3-12　体育工作

图 8-3-13　特种工艺工作

8.4　实施日期及过渡事项

本条例自 2004 年 1 月 1 日起施行，施行前已受到事故伤害或者患职业病的职工尚未完成工伤认定的，按照本条例的规定执行。

职工在本条例施行前所受的陈旧性工伤（图8-4-1），如果当时已依法完成工伤认定，则不再重新进行工伤认定。如果没有完成工伤认定且没有超过工伤认定的时效，则要执行本条例的规定。

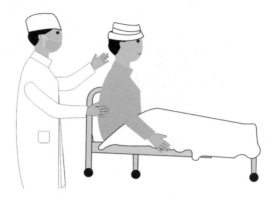

图 8-4-1　陈旧性工伤

《人力资源和社会保障部关于执行〈工伤保险条例〉若干问题的意见（二）》规定："《工伤保险条例》规定的'尚未完成工伤认定的'，是指在《工伤保险条例》施行前遭受事故伤害或被诊断鉴定为职业病，且在工伤认定申请法定时限内（从《工伤保险条例》施行之日起算）提出工伤认定申请，尚未做出工伤认定的情形。"《最高人民法院行政审判庭关于〈工伤保险条例〉第六十四条理解和适用问题请示的答复》（[2009]行他字第5号）中明确，企业职工因工伤害发生在《企业职工工伤保险试行办法》施行之前，当时有关单位已按照有关政策做出处理的，不属于《工伤保险条例》规定的"尚未完成工伤认定的情形"。

扫一扫

看动画视频

第9章
其他相关法律法规

9.1 劳动和社会保障部关于实施《工伤保险条例》若干问题的意见

❶ 职工在两个或两个以上用人单位同时就业的（图9-1-1），各用人单位应当分别为职工缴纳工伤保险费。职工发生工伤，由职工受到伤害时其工作的单位依法承担工伤保险责任。

图 9-1-1　职工在两个用人单位同时就业

❷ 本条例规定"上下班途中，受到机动车事故伤害的，应当认定为工伤"。这里"上下班途中"既包括职工正常工作的上下班途中，也包括职工加班的上下班途中。"受到机动车事故伤害的"既可以是职工驾驶或乘坐的机动车发生事故造成的，也可以是职工因其他机动车事故造成的（图9-1-2）。

图 9-1-2　上下班途中受到机动车事故伤害

❸ 本条例规定"职工在工作时间和工作岗位，突发疾病死亡或者在48小时之内经抢救无效死亡的，视同工伤"（图9-1-3）。

图 9-1-3　突发疾病死亡或者在 48 小时之内经抢救无效死亡

这里"突发疾病"（图9-1-4）包括各类疾病。

图 9-1-4　突发疾病

"48小时"的起算时间，以医疗机构的初次诊断时间为准（图9-1-5）。

图 9-1-5　医疗机构的初次诊断

❹ 本条例规定的有权申请工伤认定的"工会组织"包括职工所在用人单位的工会组织以及符合《中华人民共和国工会法》规定的各级工会组织（图9-1-6）。

图 9-1-6 工会组织

❺ 用人单位未按规定为职工提出工伤认定申请（图 9-1-7），受到事故伤害或者患职业病的职工或者其直系亲属、工会组织提出工伤认定申请，职工所在单位是否同意（签字、盖章），不是必经程序。

❻ 本条例规定"用人单位未在本条第一款规定的时限内提交工伤认定申请的，在此期间发生符合本条例规定的工伤待遇等有关费用由该用人单位负担"（图 9-1-8）。

图 9-1-7 受到事故伤害的职工提出工伤认定申请

图 9-1-8 未在规定的时限内提交工伤认定申请

这里用人单位承担工伤待遇（图 9-1-9）等有关费用的期间是指从事故伤害发生之日或职业病确诊之日起到劳动保障行政部门受理工伤认定申请之日止。

❼ 本条例规定的工伤职工旧伤复发（图 9-1-10），是否需要治疗应由治疗工伤职工的协议医疗机构提出意见，有争议的由劳动能力鉴定委员会确认。

❽ 职工因工死亡，其供养亲属享受抚恤金待遇的资格（图 9-1-11），按职工因工死亡时的条件核定。

图 9-1-9　用人单位承担工伤待遇

图 9-1-10　工伤职工旧伤复发

图 9-1-11　供养亲属享受抚恤金待遇

9.2　人力资源和社会保障部关于执行《工伤保险条例》若干问题的意见（一）

❶ 本条例规定的"因工外出期间"的认定，应当考虑职工外出是否属于用人单位指派的因工作外出（图9-2-1），遭受的事故伤害是否因工作原因所致。

本条例规定的"非本人主要责任"的认定（图9-2-2），应当以有关机关出具的法律文书或者人民法院的生效裁决为依据。

❷ 本条例中"故意犯罪"的认定（图9-2-3），应当以司法机关的生效法律文书或者结论性意见为依据。

❸ 本条例中"醉酒或者吸毒"的认定，应当以有关机关出具的法律文书或者人民法院的生效裁决为依据。无法获得上述证据的，可以结合相关证据认定。

图 9-2-1　因工外出

图 9-2-2　非本人主要责任

图 9-2-3　故意犯罪

❹ 社会保险行政部门受理工伤认定申请后，发现劳动关系存在争议且无法确认的，应告知当事人可以向劳动人事争议仲裁委员会申请仲裁（图9-2-4）。在此期间，做出工伤认定决定的时限中止，并书面通知申请工伤认定的当事人。劳动关系依法确认后，当事人应将有关法律文书送交受理工伤认定申请的社会保险行政部门，该部门自收到生效法律文书之日起恢复工伤认定程序。

❺ 在工作时间和工作场所内，因工作原因受到事故伤害的，职工所在用人单位原则上应自职工死亡之日起5个工作日内向用人单位所在统筹地区社会保险行政部门报告（图9-2-5）。

图 9-2-4　向劳动人事争议仲裁委员会申请仲裁

图 9-2-5　向用人单位所在统筹地区社会保险行政部门报告

❻ 具备用工主体资格的承包单位违反法律、法规规定，将承包业务转包、分包给不具备用工主体资格的组织或者自然人（图9-2-6），该组织或者自然人招用的劳动者从事承包业务时因工伤亡的，由该具备用工主体资格的承包单位承担用人单位依法应承担的工伤保险责任。

图 9-2-6　将承包业务转包

❼ 曾经从事接触职业病危害作业、当时没有发现罹患职业病、离开工作岗位后被诊断或鉴定为职业病的符合下列条件的人员，可以自诊断、鉴定为职业病之日起一年内申请工伤认定，社会保险行政部门应当受理：

a. 办理退休手续后，未再从事接触职业病危害作业的退休人员（图9-2-7）；

图 9-2-7　办理退休手续后发现罹患职业病

b. 劳动或聘用合同期满后或者本人提出而解除劳动或聘用合同后，未再从事接触职业病危害作业的人员（图9-2-8）。

图 9-2-8　解除劳动合同后未再从事接触职业病危害作业的人员

经工伤认定和劳动能力鉴定，其中第 a. 项人员符合领取一次性伤残补助金条件的，按就高原则以本人退休前12个月平均月缴费工资或者确诊职业病前12个月的月平均养老金为基数计发。第 b. 项人员被鉴定为一级至十级伤残、按本条例规定应以本人工资作为基数享受相关待遇的，按本人终止或者解除劳动、聘用合同前12个月平均月缴费工资计发。

❽ 按照本条例规定被认定为工伤的职业病人员，职业病诊断证明书（或职业病诊断鉴定书）中明确的用人单位，在该职工从业期间依法为其缴纳工伤保险费的，分别由工伤保险基金和用人单位支付工伤保险待遇（图9-2-9）。

工伤保险

用人单位

职工个人不缴纳

图 9-2-9　由工伤保险基金和用人单位支付工伤保险待遇

　　未依法为该职工缴纳工伤保险费的，由用人单位按照本条例规定的相关项目和标准支付待遇（图9-2-10）。

　　❾ 职工在同一用人单位连续工作期间多次发生工伤的，符合本条例规定领取相关待遇时，按照其在同一用人单位发生工伤的最高伤残级别，计发一次性伤残就业补助金和一次性工伤医疗补助金。

图 9-2-10　由用人单位支付工伤保险待遇

　　❿ 依据本条例规定停止支付工伤保险待遇的，在停止支付待遇的情形消失后，自下月起恢复工伤保险待遇（图9-2-11），停止支付的工伤保险待遇不予补发。

　　⓫ 本条例规定的"新发生的费用"，是指用人单位职工参加工伤保险前发生工伤的，在参加工伤保险后新发生的费用（图9-2-12）。

　　⓬ 由工伤保险基金支付的各项待遇应按本条例相关规定支付，不得采取将长期待遇改为一次性支付的办法。

　　⓭ 核定工伤职工工伤保险待遇时（图9-2-13），若上一年度相关数据尚未

公布，可暂按前一年度的全国城镇居民人均可支配收入、统筹地区职工月平均工资核定和计发，待相关数据公布后再重新核定，社会保险经办机构或者用人单位予以补发差额部分。

图 9-2-11　恢复工伤保险待遇

图 9-2-12　在参加工伤保险后新发生的费用

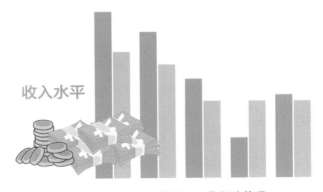

图 9-2-13　核定工伤职工工伤保险待遇

9.3 人力资源和社会保障部关于执行《工伤保险条例》若干问题的意见（二）

❶ 一级至四级工伤职工死亡，其近亲属同时符合领取工伤保险丧葬补助金、供养亲属抚恤金待遇和职工基本养老保险丧葬补助金、抚恤金待遇条件的，由其近亲属选择领取工伤保险或职工基本养老保险其中一种（图9-3-1）。

图 9-3-1　领取工伤保险或职工基本养老保险

❷ 达到或超过法定退休年龄，但未办理退休手续（图9-3-2）或者未依法享受城镇职工基本养老保险待遇，继续在原用人单位工作期间受到事故伤害或患职业病的，用人单位依法承担工伤保险责任。

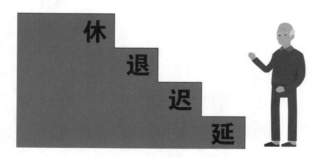

图 9-3-2　超过法定退休年龄但未办理退休手续

用人单位招用已经达到、超过法定退休年龄或已经领取城镇职工基本养老保险待遇的人员，在用工期间因工作原因受到事故伤害或患职业病的，如招用单位已按项目参保等方式为其缴纳工伤保险费的，应适用《工伤保险条例》（图9-3-3）。

❸ 本条例规定的"新发生的费用"，是指用人单位参加工伤保险前发生工

伤的职工，在参加工伤保险后新发生的费用。其中由工伤保险基金支付的费用，按不同情况予以处理：

图 9-3-3　工伤保险

　　a. 因工受伤的，支付参保后新发生的工伤医疗费、工伤康复费、住院伙食补助费、统筹地区以外就医交通食宿费、辅助器具配置费、生活护理费、一级至四级伤残职工伤残津贴（图9-3-4），以及参保后解除劳动合同时的一次性工伤医疗补助金；

图 9-3-4　职工伤残津贴

　　b. 因工死亡的，支付参保后新发生的符合条件的供养亲属抚恤金（图9-3-5）。
　　❹ 职工在参加用人单位组织或者受用人单位指派参加其他单位组织的活动中受到事故伤害的（图9-3-6），应当视为工作原因，但参加与工作无关的活动除外。
　　❺ 职工因工作原因驻外，有固定的住所、有明确的作息时间，工伤认定时按照在驻所地当地正常工作的情形处理（图9-3-7）。

图 9-3-5　供养亲属抚恤金

图 9-3-6　检查饭堂时受伤

图 9-3-7　因工作原因驻外受伤

❻ 职工以上下班为目的、在合理时间内往返于工作单位和居住地之间的合理路线，视为上下班途中（图9-3-8）。

图 9-3-8　上下班途中受伤

❼用人单位注册地与生产经营地不在同一统筹地区的，原则上应在注册地为职工参加工伤保险；未在注册地参加工伤保险的职工，可由用人单位在生产经营地为其参加工伤保险（图9-3-9）。

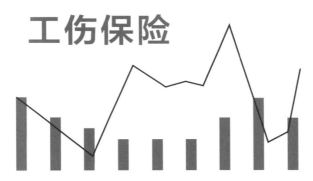

图 9-3-9　用人单位在生产经营地为职工参加工伤保险

劳务派遣单位跨地区派遣劳动者，应根据《劳务派遣暂行规定》参加工伤保险。建筑施工企业按项目参保的，应在施工项目所在地参加工伤保险（图9-3-10）。

图 9-3-10　在施工项目所在地参加工伤保险

职工受到事故伤害或者患职业病后，在参保地进行工伤认定、劳动能力鉴定，并按照参保地的规定依法享受工伤保险待遇；未参加工伤保险的职工，应当在生产经营地进行工伤认定、劳动能力鉴定，并按照生产经营地的规定依法由用人单位支付工伤保险待遇（图9-3-11）。

图 9-3-11　用人单位支付工伤保险待遇

❽ 有下列情形之一的，被延误的时间不计算在工伤认定申请时限内：

a. 受不可抗力影响的（图9-3-12）；

b. 职工由于被国家机关依法采取强制措施（图9-3-13）等人身自由受到限制不能申请工伤认定的；

图 9-3-12　受不可抗力影响

图 9-3-13　被国家机关依法采取强制措施

c. 申请人正式提交了工伤认定申请，但因社会保险机构未登记或者材料遗失（图9-3-14）等原因造成申请超时限的；

图 9-3-14　材料遗失

d. 当事人就确认劳动关系申请劳动仲裁（图9-3-15）或提起民事诉讼的；

图 9-3-15　确认劳动关系申请劳动仲裁

e. 其他符合法律法规规定的情形。

❾ 本条例规定的"尚未完成工伤认定的"（图9-3-16），是指在《工伤保险条例》施行前遭受事故伤害或被诊断鉴定为职业病，且在工伤认定申请法定时限内（从《工伤保险条例》施行之日起算）提出工伤认定申请，尚未做出工伤认定的情形。

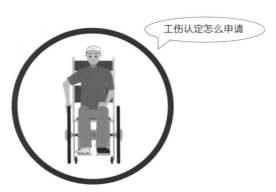

图 9-3-16　尚未完成工伤认定

⑩ 因工伤认定申请人或者用人单位隐瞒有关情况或者提供虚假材料，导致工伤认定决定错误的（图9-3-17），社会保险行政部门发现后，应当及时予以更正。

图 9-3-17　提供虚假材料导致工伤认定决定错误

9.4　工伤认定办法

❶ 社会保险行政部门进行工伤认定应当客观公正、简捷方便（图9-4-1），认定程序应当向社会公开。

图 9-4-1　工伤认定应当客观公正、简捷方便

❷ 职工发生事故伤害或者按照职业病防治法规定被诊断、鉴定为职业病，所在单位应当自事故伤害发生之日或者被诊断、鉴定为职业病之日起30日内，向统筹地区社会保险行政部门提出工伤认定申请（图9-4-2）。遇有特殊情况，经报社会保险行政部门同意，申请时限可以适当延长。

图 9-4-2　30 日内提出工伤认定申请

按照规定应当向省级社会保险行政部门提出工伤认定申请的，根据属地原则应当向用人单位所在地设区的市级社会保险行政部门提出（图9-4-3）。

图 9-4-3　向用人单位所在地设区的市级社会保险行政部门提出

❸ 用人单位未在规定的时限内提出工伤认定申请的，受伤害职工或者其近亲属、工会组织在事故伤害发生之日或者被诊断、鉴定为职业病之日起1年内，可以直接按照本办法第四条规定提出工伤认定申请（图9-4-4）。

❹ 提出工伤认定申请时应当填写《工伤认定申请表》，并提交下列材料：

a. 劳动、聘用合同文本复印件或者与用人单位存在劳动关系（包括事实劳动关系）、人事关系的其他证明材料（图9-4-5）；

b. 医疗机构出具的受伤后诊断证明书或者职业病诊断证明书（或者职业病诊断鉴定书）（图9-4-6）。

❺ 工伤认定申请人提交的申请材料符合要求，属于社会保险行政部门管辖范围且在受理时限内的，社会保险行政部门应当受理（图9-4-7）。

图 9-4-4　提出工伤认定申请

图 9-4-5　劳动合同

图 9-4-6　职业病诊断证明书

图 9-4-7　社会保险行政部门受理

❻ 社会保险行政部门收到工伤认定申请后，应当在15日内对申请人提交的材料进行审核，材料完整的，做出受理或者不予受理的决定；材料不完整的，应当以书面形式一次性告知申请人需要补正的全部材料。社会保险行政部门收到申请人提交的全部补正材料后，应当在15日内做出受理或者不予受理的决定（图9-4-8）。

图 9-4-8　收到工伤认定申请后应当在 15 日内对申请人提交的材料进行审核

社会保险行政部门决定受理的，应当出具《工伤认定申请受理决定书》；决定不予受理的，应当出具《工伤认定申请不予受理决定书》。

❼ 社会保险行政部门受理工伤认定申请后，可以根据需要对申请人提供的证据进行调查核实（图9-4-9）。

图 9-4-9　对申请人提供的证据进行调查核实

❽ 社会保险行政部门进行调查核实，应当由两名以上工作人员共同进行，并出示执行公务的证件（图9-4-10）。

图 9-4-10　由两名以上工作人员共同进行，并出示执行公务的证件

❾ 社会保险行政部门工作人员在工伤认定中，可以进行以下调查核实工作：

a. 根据工作需要，进入有关单位和事故现场（图9-4-11）；

b. 依法查阅与工伤认定有关的资料（图9-4-12），询问有关人员并做出调查笔录；

c. 记录、录音、录像和复制与工伤认定有关的资料。调查核实工作的证据收集参照行政诉讼证据收集的有关规定执行。

❿ 社会保险行政部门工作人员进行调查核实时，有关单位和个人应当予以协助（图9-4-13）。用人单位、工会组织、医疗机构以及有关部门应当负责安排相关人员配合工作，据实提供情况和证明材料。

图 9-4-11　进入有关单位和事故现场

图 9-4-12　查阅与工伤认定有关的资料

图 9-4-13　有关单位和个人应当予以协助

❶ 社会保险行政部门在进行工伤认定时，对申请人提供的符合国家有关规

定的职业病诊断证明书或者职业病诊断鉴定书，不再进行调查核实。职业病诊断证明书或者职业病诊断鉴定书不符合国家规定的要求和格式的，社会保险行政部门可以要求出具证据部门重新提供。

⑫ 社会保险行政部门受理工伤认定申请后，可以根据工作需要，委托其他统筹地区的社会保险行政部门或者相关部门进行调查核实。

⑬ 社会保险行政部门工作人员进行调查核实时，应当履行下列义务：

a. 保守有关单位商业秘密以及个人隐私；

b. 为提供情况的有关人员保密。

⑭ 社会保险行政部门工作人员与工伤认定申请人有利害关系的，应当回避（图9-4-14）。

图 9-4-14　有利害关系的，应当回避

⑮ 职工或者其近亲属认为是工伤，用人单位不认为是工伤的，由该用人单位承担举证责任。用人单位拒不举证的，社会保险行政部门可以根据受伤害职工提供的证据或者调查取得的证据，依法做出工伤认定决定。

⑯ 社会保险行政部门应当自受理工伤认定申请之日起60日内做出工伤认定决定，出具《认定工伤决定书》（图9-4-15）或者《不予认定工伤决定书》。

⑰ 《认定工伤决定书》应当载明下列事项：

a. 用人单位全称；

b. 职工的姓名、性别、年龄、职业、身份证号码；

c. 受伤害部位、事故时间和诊断时间或职业病名称、受伤害经过和核实情

图 9-4-15　做出工伤认定决定

况、医疗救治的基本情况和诊断结论；

　　d. 认定工伤或者视同工伤的依据；

　　e. 不服认定决定申请行政复议或者提起行政诉讼的部门和时限；

　　f. 做出认定工伤或者视同工伤决定的时间。

　　⑱《不予认定工伤决定书》应当载明下列事项：

　　a. 用人单位全称；

　　b. 职工的姓名、性别、年龄、职业、身份证号码；

　　c. 不予认定工伤或者不视同工伤的依据；

　　d. 不服认定决定申请行政复议或者提起行政诉讼的部门和时限；

　　e. 做出不予认定工伤或者不视同工伤决定的时间。

　　⑲《认定工伤决定书》（图9-4-16）和《不予认定工伤决定书》应当加盖社会保险行政部门工伤认定专用印章。

　　⑳ 社会保险行政部门受理工伤认定申请后，做出工伤认定决定需要以司法机关或者有关行政主管部门的结论为依据的，在司法机关或者有关行政主管部门尚未做出结论期间，做出工伤认定决定的时限中止，并书面通知申请人。

　　㉑ 社会保险行政部门对于事实清楚、权利义务明确的工伤认定申请（图9-4-17），应当自受理工伤认定申请之日起15日内做出工伤认定决定。

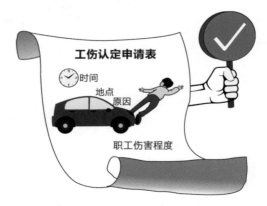

图 9-4-16 《认定工伤决定书》　　图 9-4-17 事实清楚、权利义务明确的工伤认定申请

　　㉒ 社会保险行政部门应当自工伤认定决定作出之日起20日内，将《认定工伤决定书》或者《不予认定工伤决定书》送达受伤害职工（或者其近亲属）和用人单位，并抄送社会保险经办机构。

　　《认定工伤决定书》和《不予认定工伤决定书》的送达参照民事法律有关送达的规定执行。

　　㉓ 职工或者其近亲属、用人单位对不予受理决定不服或者对工伤认定决定不服的，可以依法申请行政复议或者提起行政诉讼。

㉔ 工伤认定结束后，社会保险行政部门应当将工伤认定的有关资料保存50年（图9-4-18）。

图9-4-18 有关资料保存50年

㉕ 用人单位拒不协助社会保险行政部门对事故伤害进行调查核实的，由社会保险行政部门责令改正，处2000元以上2万元以下的罚款。

㉖《工伤认定申请表》《工伤认定申请受理决定书》《工伤认定申请不予受理决定书》《认定工伤决定书》《不予认定工伤决定书》的样式由国务院社会保险行政部门统一制定。

9.5 职业病分类和目录

（1）职业性尘肺病及其他呼吸系统疾病

❶ 尘肺病（图9-5-1）：硅肺、煤工尘肺、石墨尘肺、炭黑尘肺、石棉肺、滑石尘肺、水泥尘肺、云母尘肺、陶工尘肺、铝尘肺、电焊工尘肺、铸工尘肺、根据《尘肺病诊断标准》和《尘肺病理诊断标准》可以诊断的其他尘肺病。

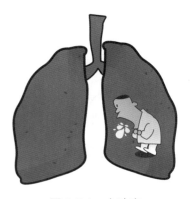

图9-5-1 尘肺病

❷ 其他呼吸系统疾病：过敏性肺炎（图9-5-2）、棉尘病、哮喘、金属及其化合物粉尘肺沉着病（锡、铁、锑、钡及其化合物等）、刺激性化学物所致慢性阻塞性肺疾病、硬金属肺病。

（2）职业性皮肤病（图9-5-3）

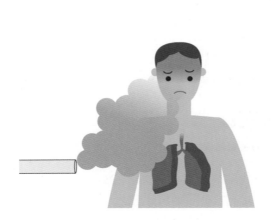

图 9-5-2　过敏性肺炎

图 9-5-3　职业性皮肤病

接触性皮炎、光接触性皮炎、电光性皮炎、黑变病、痤疮、溃疡、化学性皮肤灼伤、白斑，以及根据《职业性皮肤病的诊断总则》可以诊断的其他职业性皮肤病。

（3）职业性眼病（图9-5-4）

图 9-5-4　职业性眼病

化学性眼部灼伤、电光性眼炎、白内障（含放射性白内障、三硝基甲苯白内障）。

（4）职业性耳鼻喉口腔疾病（图9-5-5）

图 9-5-5 职业性耳鼻喉口腔疾病

噪声聋、铬鼻病、牙酸蚀病、爆震聋。

（5）职业性化学中毒（图 9-5-6）

图 9-5-6 职业性化学中毒

铅及其化合物中毒（不包括四乙基铅），汞及其化合物中毒，锰及其化合物中毒，镉及其化合物中毒、铍病，铊及其化合物中毒，钡及其化合物中毒，钒及其化合物中毒，磷及其化合物中毒，砷及其化合物中毒，铀及其化合物中毒，砷化氢中毒，氯气中毒，二氧化硫中毒，光气中毒，氨中毒，偏二甲基肼中毒，氮氧化合物中毒，一氧化碳中毒，二硫化碳中毒，硫化氢中毒，磷化氢、磷化锌、磷化铝中毒，氟及其无机化合物中毒，氰及腈类化合物中毒，四乙基铅中毒，有机锡中毒，羰基镍中毒，苯中毒，甲苯中毒，二甲苯中毒，正己烷中毒，汽油中毒，一甲胺中毒，有机氟聚合物单体及其热裂解物中毒，二氯乙烷中毒，四氯化碳中毒，氯乙烯中毒，三氯乙烯中毒，氯丙烯中毒，氯丁二烯中毒，苯的氨基及硝基化合物（不包括三硝基甲苯）中毒，三硝基甲苯中毒，甲醇中毒，酚中毒，五氯酚（钠）中毒，甲醛中毒，硫酸二甲酯中毒，丙烯酰胺中毒，二甲基甲酰胺中毒，有机磷中毒，氨基甲酸酯类中毒，杀虫脒中毒，溴甲烷中毒，拟除虫菊酯类中毒，铟及其化合物中毒，溴丙烷中毒，碘甲烷中毒，氯乙酸中毒，环氧乙烷中毒，上述条目未提及的与职业有害因素接触之间存在直接因果联系的其他化学中毒。

（6）物理因素所致职业病（图9-5-7）

图 9-5-7　物理因素所致职业病

中暑、减压病、高原病、航空病、手臂振动病、激光所致眼（角膜、晶状体、视网膜）损伤、冻伤。

（7）职业性放射性疾病（图9-5-8）

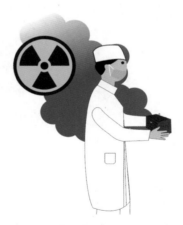

图 9-5-8　职业性放射性疾病

外照射急性放射病、外照射亚急性放射病、外照射慢性放射病、内照射放射病、放射性皮肤疾病、放射性肿瘤（含矿工高氡暴露所致肺癌）、放射性骨损伤、放射性甲状腺疾病、放射性性腺疾病、放射复合伤，根据《职业性放射性疾病诊断标准（总则）》可以诊断的其他放射性损伤。

（8）职业性传染病（图9-5-9）

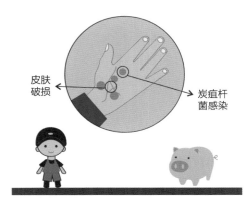

皮肤破损 → 炭疽杆菌感染

图9-5-9 职业性传染病

炭疽、森林脑炎、布鲁氏菌病、艾滋病（限于医疗卫生人员及人民警察）、莱姆病。

（9）职业性肿瘤

图9-5-10 职业性肿瘤

石棉所致肺癌、间皮瘤，联苯胺所致膀胱癌，苯所致白血病，氯甲醚、双氯甲醚所致肺癌，砷及其化合物所致肺癌、皮肤癌，氯乙烯所致肝血管肉瘤，焦炉逸散物所致肺癌，六价铬化合物所致肺癌，毛沸石所致肺癌、胸膜间皮瘤，煤焦油、煤焦油沥青、石油沥青所致皮肤癌，β-萘胺所致膀胱癌。

（10）其他职业病

金属烟热、滑囊炎（限于井下工人）、股静脉血栓综合征、股动脉闭塞症或淋巴管闭塞症（限于刮研作业人员）。

9.6 非法用工单位伤亡人员一次性赔偿办法

❶ 本规定所称非法用工单位伤亡人员，是指无营业执照或者未经依法登记、备案的单位（图9-6-1），以及被依法吊销营业执照或者撤销登记、备案的单位受到事故伤害或者患职业病的职工，或者用人单位使用童工造成的伤残、死亡童工。

图 9-6-1 无营业执照或者未经依法登记、备案的单位

上述单位必须按照规定向伤残职工或者死亡职工的近亲属、伤残童工或者死亡童工的近亲属给予一次性赔偿（图9-6-2）。

图 9-6-2 单位给予一次性赔偿

❷ 一次性赔偿包括受到事故伤害或者患职业病的职工或童工在治疗期间的费用和一次性赔偿金（图9-6-3）。一次性赔偿金数额应当在受到事故伤害或者患职业病的职工或童工死亡或者经劳动能力鉴定后确定。

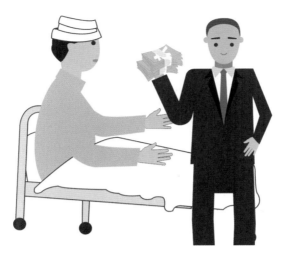

图9-6-3　治疗期间的费用和一次性赔偿金

　　劳动能力鉴定按照属地原则由单位所在地设区的市级劳动能力鉴定委员会办理。劳动能力鉴定费用由伤亡职工或童工所在单位支付。

　　❸ 职工或童工受到事故伤害或者患职业病，在劳动能力鉴定之前进行治疗期间的生活费按照统筹地区上年度职工月平均工资标准确定，医疗费、护理费、住院期间的伙食补助费以及所需的交通费等费用按照《工伤保险条例》规定的标准和范围确定（图9-6-4），并全部由伤残职工或童工所在单位支付。

图9-6-4　治疗期间的生活费

　　❹ 一次性赔偿金按照以下标准支付：一级伤残的为赔偿基数的16倍，二

级伤残的为赔偿基数的14倍，三级伤残的为赔偿基数的12倍，四级伤残的为赔偿基数的10倍，五级伤残的为赔偿基数的8倍，六级伤残的为赔偿基数的6倍，七级伤残的为赔偿基数的4倍，八级伤残的为赔偿基数的3倍，九级伤残的为赔偿基数的2倍，十级伤残的为赔偿基数的1倍。

赔偿基数，是指单位所在工伤保险统筹地区上年度职工年平均工资（图9-6-5）。

图 9-6-5　上年度职工年平均工资

❺ 受到事故伤害或者患职业病造成死亡的，按照上一年度全国城镇居民人均可支配收入的20倍支付一次性赔偿金，并按照上一年度全国城镇居民人均可支配收入的10倍一次性支付丧葬补助等其他赔偿金（图9-6-6）。

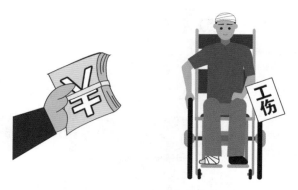

图 9-6-6　一次性支付赔偿金和丧葬补助

❻ 单位拒不支付一次性赔偿的，伤残职工或者死亡职工的近亲属、伤残童工或者死亡童工的近亲属可以向人力资源和社会保障行政部门举报（图9-6-7）。经查证属实的，人力资源和社会保障行政部门应当责令该单位限期改正。

职工有权向当地人力资源和社会保障部门举报

图 9-6-7 向人力资源和社会保障行政部门举报

❼ 伤残职工或者死亡职工的近亲属、伤残童工或者死亡童工的近亲属就赔偿数额与单位发生争议的（图9-6-8），按照劳动争议处理的有关规定处理。

图 9-6-8 劳动争议处理

9.7 因工死亡职工供养亲属范围规定

❶ 本规定所称因工死亡职工供养亲属，是指该职工的配偶、子女、父母、祖父母、外祖父母、孙子女、外孙子女、兄弟姐妹。

本规定所称子女（图9-7-1），包括婚生子女、非婚生子女、养子女和有抚养关系的继子女，其中，婚生子女、非婚生子女包括遗腹子女。

本规定所称父母（图9-7-2），包括生父母、养父母和有抚养关系的继父母。

图 9-7-1　子女　　　　　　　　　　图 9-7-2　父母

本规定所称兄弟姐妹（图 9-7-3），包括同父母的兄弟姐妹、同父异母或者同母异父的兄弟姐妹、养兄弟姐妹、有抚养关系的继兄弟姐妹。

图 9-7-3　兄弟姐妹

❷ 上条规定的人员，依靠因工死亡职工生前提供主要生活来源，并有下列情形之一的，可按规定申请供养亲属抚恤金：

a. 完全丧失劳动能力的；

b. 工亡职工配偶男年满 60 周岁、女年满 55 周岁的；

c. 工亡职工父母男年满 60 周岁、女年满 55 周岁的；

d. 工亡职工子女未满 18 周岁的；

e. 工亡职工父母均已死亡，其祖父、外祖父年满 60 周岁，祖母、外祖母年满 55 周岁的；

f. 工亡职工子女已经死亡或完全丧失劳动能力，其孙子女、外孙子女未满 18 周岁的；

g. 工亡职工父母均已死亡或完全丧失劳动能力，其兄弟姐妹未满 18 周岁的。

❸ 领取抚恤金人员有下列情形之一的，停止享受抚恤金待遇：

a. 年满18周岁且未完全丧失劳动能力的（图9-7-4）；

b. 就业或参军的（图9-7-5）；

图 9-7-4　年满 18 周岁且未
完全丧失劳动能力

图 9-7-5　参军

c. 工亡职工配偶再婚的（图9-7-6）；

图 9-7-6　工亡职工配偶再婚

d. 被他人或组织收养的（图9-7-7）；

e. 死亡的（图9-7-8）。

❹ 领取抚恤金的人员，在被判刑收监执行期间，停止享受抚恤金待遇（图9-7-9）。刑满释放仍符合领取抚恤金资格的，按规定的标准享受抚恤金。

❺ 因工死亡职工供养亲属享受抚恤金待遇的资格（图9-7-10），由统筹地区社会保险经办机构核定。

图 9-7-7　被他人收养

图 9-7-8　死亡

图 9-7-9　在被判刑收监执行期间，停止享受抚恤金待遇

图 9-7-10　享受抚恤金待遇的资格

因工死亡职工供养亲属的劳动能力鉴定，由因工死亡职工生前单位所在地设区的市级劳动能力鉴定委员会负责。

附录

附录1 工伤保险条例涉及数据

（1）时效

❶ 职工所在单位向统筹地区社会保险行政部门提出工伤认定申请的时限要求是自事故伤害发生之日或者按照职业病防治法规定被诊断、鉴定为职业病之日起30日内。

❷ 工伤职工或者其近亲属、工会组织向用人单位所在地统筹地区社会保险行政部门提出工伤认定申请的时限要求是在事故伤害发生之日或者被诊断、鉴定为职业病之日起1年内。

❸ 社会保险行政部门做出工伤认定的决定的时间要求为受理工伤认定申请之日起60日内。

事实清楚、权利义务明确的，15日内。

❹ 设区的市级劳动能力鉴定委员会在申请人提供材料完整情况下，做出劳动能力鉴定结论的时限要求是自收到劳动能力鉴定申请之日起60日内。

❺ 设区的市级劳动能力鉴定委员会做出劳动能力鉴定结论的，伤情复杂、涉及医疗卫生专业较多的情况下期限可以延长30日。

❻ 申请鉴定的申请人对鉴定的结论不服的，向省、自治区、直辖市劳动能力鉴定委员会提出再次鉴定申请的期限是收到该鉴定结论之日起15日内。

❼ 申请劳动能力复查鉴定的期限是自劳动能力鉴定结论做出之日起1年后。

❽ 工伤认定结束后，社会保险行政部门应将工伤认定的有关资料保存50年。

❾ 视为工伤的情形之一是职工在工作时间和工作岗位突发疾病在一定的时间内抢救无效死亡，该一定的时间是48小时内。

❿ 工伤争议仲裁申请期限：从当事人知道或者应当知道其权利被害之日起1年。

⓫ 工伤争议仲裁裁决期限：受仲裁申请的45日内，案情复杂的为60日内。

⓬ 劳动者不服工伤争议仲裁裁决，向人民法院提起诉讼的期限，收到仲裁裁决书之日起15日内。

（2）赔偿计算方式

❶ 工伤医疗待遇的计算公式。

a. 医疗费的计算公式。

$$医疗费赔偿金额＝诊疗金额＋药品金额＋住院服务金额$$

注意：上述诊疗金额、药品金额、住院服务金额的计算依据是工伤保险诊疗项目目录、工伤保险药品目录、工伤保险住院服务标准。

b. 住院伙食补助费的计算公式。

$$住院伙食补助费赔偿金额＝统筹地区人民政府规定的伙食补助标准$$

c. 交通食宿费的计算公式。

$$交通食宿费赔偿金额＝统筹地区人民政府规定的具体标准$$

d. 辅助器具费的计算公式。

$$辅助器具费赔偿金额＝配置标准×器具数量$$

❷ 工伤伤残待遇的计算公式。

a. 护理费的计算公式。

$$护理费赔偿金额＝统筹地区上年度职工月平均工资（元/月）×法定比例$$

注意：生活护理费按照生活完全不能自理、生活大部分不能自理或者生活部分不能自理3个不同等级支付，其标准分别为统筹地区上年度职工月平均工资的50%、40%或者30%。

b. 一次性伤残补助金的计算公式。

$$伤残补助金赔偿金额＝本人工资（元/月）×法定补偿月数$$

注意：一级伤残的一次性伤残补助金为27个月的本人工资，二级伤残为25个月，三级伤残为23个月，四级伤残为21个月，五级伤残为18个月，六级伤残为16个月，七级伤残为13个月，八级伤残为11个月，九级伤残为9个月，十级伤残为7个月。

c. 伤残津贴的计算公式。

$$伤残津贴赔偿金额＝本人工资（元/月）法定比例$$

注意：一级伤残津贴为本人工资的90%，二级伤残为85%，三级伤残为80%，四级伤残为75%，五、六级伤残津贴也以同样的方法，即本人工资乘以法定的比例（五级为70%，六级为60%）计算，但是，被鉴定为五、六级伤残的工伤职工只有在其保留与用人单位的劳动关系，用人单位应予以安排适当工作但难以安排的时候，才由用人单位按月对其支付伤残津贴。七级至十级伤残不享受伤残津贴。

❸ 因工死亡的赔偿金的计算公式。

a. 丧葬补助金的计算公式。

丧葬补助金赔偿金额＝统筹地区上年度职工月平均工资×6

b. 供养亲属抚恤金的计算公式。

配偶：供养亲属抚恤金赔偿金额＝工亡职工本人工资（元/月）×40%

注意：如果工亡职工的配偶为孤寡老人的，每人每月在上述标准的基础上增加10%。

其他亲属：供养亲属抚恤金赔偿金额＝工亡职工本人工资（元/月）×30%

注意：如果工亡职工的其他亲属为孤寡老人或者孤儿的，每人每月在上述标准的基础上增加10%。

c. 一次性工亡补助金的计算公式。

一次性工亡补助金额＝上一年度全国城镇居民人均可支配收入的20倍

附录2　工伤保险待遇一览表

项目		待遇			备注
		计算基数	月份比例	支付渠道	
医疗期间	停工留薪	原工资福利待遇	12个月	用人单位	按月支付，最长24个月评定伤残等级后，停发原待遇，享受伤残待遇。停工留薪期满仍需治疗，继续享受工伤医疗待遇
	西疗费用	实际发生	100%	基金	单位和职工个人垫付，工伤认定后按范围报销
	伙食补助	统筹地区人民政府规定		基金	经批准转院所需的交通、食宿费用也可报销
	工伤康复费用	符合规定的实际费用		基金	需在签订服务协议的医疗机构进行
医疗终结	辅助器具	按国家规定标准（整定委员会确认）		基金	假肢、假眼、假牙、矫形器、配置轮椅等
	生活护理费 完全护理	统筹地区上年度职工月平均工资	50%	基金	按月计发
	生活护理费 大部分护理	统筹地区上年度职工月平均工资	40%	基金	按月计发
	生活护理费 部分护理	统筹地区上年度职工月平均工资	30%	基金	按月计发

项目			待遇			备注
			计算基数	月份比例	支付渠道	
医疗终结	一至四级	一次性伤残补助金	一级	本人工资	27 个月	基金	本人工资：工伤职工因工受伤或患职业病前 12 个月平均月缴费工资。本人工资高于统筹地区职工平均工资 300% 的,按 300% 计算；本人工资低于统筹地区职工平均工资 60% 的,按 60% 计算
			二级	本人工资	25 个月	基金	
			三级	本人工资	23 个月	基金	
			四级	本人工资	21 个月	基金	
		每月伤残津贴	一级	本人工资	90%	基金	伤残津贴低于当地最低工资标准的,或者退休后基本养老保险待遇低于伤残津贴的,均由工伤保险基金补足差额。职工因工伤残一至四级的,由用人单位和职工个人以伤残津贴为基数,缴纳基本医疗保险费
			二级	本人工资	85%	基金	
			三级	本人工资	80%	基金	
			四级	本人工资	75%	基金	
	五至六级	一次性伤残补助金	五级	本人工资	18 个月	基金	
			六级	本人工资	16 个月	基金	
		每月伤残津贴	五级	本人工资	70%	用人单位	用人单位安排适当工作,难以安排工作的,伤残津贴按月享受。伤残津贴实际金额低于当地最低工资标准的,由用人单位补足差额
			六级	本人工资	60%	用人单位	
		一次性工伤医疗补助金	五级	由省、自治区、直辖市人民政府规定		基金	职工本人提出终止或解除劳动关系时支付。具体标准由各省、自治区、直辖市人民政府规定,通常为本地上年度职工月平均工资的若干个月工资
			六级	由省、自治区、直辖市人民政府规定		基金	
		一次性伤残就业补助金	五级	由省、自治区、直辖市人民政府规定		用人单位	
			六级	由省、自治区、直辖市人民政府规定		用人单位	

续表

项目			待遇			备注
			计算基数	月份比例	支付渠道	
医疗终结	七至十级	一次性伤残补助金	七级 本人工资	13 个月	基金	
			八级 本人工资	11 个月	基金	
			九级 本人工资	9 个月	基金	
			十级 本人工资	7 个月	基金	
		一次性工伤医疗补助金	七级 由省、自治区、直辖市人民政府规定		基金	
			八级 由省、自治区、直辖市人民政府规定		基金	
			九级 由省、自治区、直辖市人民政府规定		基金	
			十级 由省、自治区、直辖市人民政府规定		基金	合同期满终止或职工本人提出解除劳动合同时支付。具体标准由各省、自治区、直辖市人民政府规定，通常为本地上年度职工月平均工资的若干个月工资
		一次性伤残就业补助金	七级 由省、自治区、直辖市人民政府规定		用人单位	
			八级 由省、自治区、直辖市人民政府规定		用人单位	
			九级 由省、自治区、直辖市人民政府规定		用人单位	
			十级 由省、自治区、直辖市人民政府规定		用人单位	
因工死亡	丧葬补助金		统筹地区上年度职工月平均工资	6 个月	基金	伤残职工在停工削薪期内因工伤导致死亡或一至四级伤残职工在停工留薪期满后死亡的，其近亲属可享受
	一次性工亡补助金		上一年度全国城镇居民人均可支配收入	20 倍	基金	

项目		待遇			备注
		计算基数	月份比例	支付渠道	
因工死亡	供养亲属抚恤金	配偶	职工生前工资	每月40%	基金	（1）一至四级伤残职工在停工留薪期满后死亡的，其近亲属可享受 （2）抚恤金总额不超过死者本人生前工资 （3）按月支付
		其他亲属	职工生前工资	每月30%	基金	
		孤寡老人、孤儿	上述标准基础上加发	每月10%	基金	

扫码观看本书配套动画视频

二维码所在章节名称	二维码视频内容	页码
第 1 章 《工伤保险条例》概述	1. 工伤保险费由谁缴纳	004
	2. 用人单位责任	
第 2 章 工伤保险基金	1. 工伤保险基金构成	013
	2. 工伤保险费	
	3. 行业差别费率及档次调整	
	4. 职工在多个单位就业的工伤保险	
	5. 工伤保险基金和用途	
	6. 工伤保险储备金	
第 3 章 工伤认定	1. 应当认定工伤的情形	036
	2. 不属于工伤的情形	
	3. 申请材料	
	4. 事故调查及举证责任	
	5. 工伤认定的时限、回避	
第 4 章 劳动能力鉴定	1. 鉴定的条件	051
	2. 劳动能力鉴定等级	
	3. 申请鉴定的主体、受理机构、申请材料	
	4. 鉴定委员会人员构成、专家库	
	5. 鉴定工作原则、回避制度	
	6. 复查鉴定	
第 5 章 工伤保险待遇	1. 工伤职工的治疗	092
	2. 配置辅助器具	
	3. 生活护理费	
	4. 旧伤复发待遇	
	5. 工亡待遇	
	6. 工伤待遇调整	
	7. 停止支付工伤保险待遇的情形	
	8. 用人单位分立合并等情况下的责任	
第 6 章 监督管理与争议处理	1. 经办机构职责范围	110
	2. 听取社会意见	
	3. 对工伤保险基金的监督	
	4. 群众监督	
	5. 其他工伤保险争议处理	
第 7 章 机构、组织、用人 单位及个人的法律责任	1. 挪用工伤保险基金的责任	122
	2. 违法违纪责任	
	3. 经办机构违规的责任	
	4. 对骗取工伤保险待遇的处罚	
	5. 鉴定组织与个人违规的责任	
第 8 章 特殊情况下的 工伤保险规定	1. 相关名词解释	134
	2. 公务员等的工伤保险	
	3. 非法经营单位工伤一次性赔偿及争议处理	